John Newton

Wahre Erzählung einiger merkwürdigen Umstände in dem Leben des Johann Neuton Prediger

in London mitgeteilt

John Newton

Wahre Erzählung einiger merkwürdigen Umstände in dem Leben des Johann Neuton Prediger
in London mitgeteilt

ISBN/EAN: 9783743440944

Hergestellt in Europa, USA, Kanada, Australien, Japan

Cover: Foto ©ninafisch / pixelio.de

Weitere Bücher finden Sie auf **www.hansebooks.com**

Wahre Erzählung

einiger
merkwürdigen Umstände
in dem Leben
des

Johann Neuton

Prediger in London
mitgetheilt
in einigen Briefen
an Se. Hochehrwürden

Herrn Haweis

Hauptpastor zu Altwinkle in der Grafschaft
Northamtonshire

Imgleichen
eine kurze Geschichte
des
berühmten englischen Obersten

Gardiners

als ein Beweis der Wahrheit Röm. 5, 20.
Wo die Sünde mächtig worden ist, da ist doch die Gnade
viel mächtiger worden

Aus dem Englischen übersetzt

Frankfurt und Leipzig 1791
im Verlag bey C. W. Giesen, Buchhändler in Elberfeld

Die Blinden will ich auf dem Wege leiten, den sie nicht wissen, ich will sie führen auf den Steigen, die sie nicht kennen, ich will die Finsterniß vor ihnen her zum Licht machen, und das Höckerichte zur Ebene. Solches will ich thun, und sie nicht verlassen. Jesaias 42, 16.

Ich bin vor vielen wie ein Wunder!
Psalm 71, 7.

Vorbericht.

Der erste von den nachstehenden Briefen dient so gut zu einer Einleitung zu den übrigen, daß es ganz überflüßig und ungereimt seyn würde, den Leser mit einer langen Vorrede zu beschweren. Ich will ihn daher vom Lesen der eben so angenehm unterhaltenden als lehrreichen Erzählung, die folgende Blätter ihm darbieten, nicht weiter abhalten, als daß ich ihn nur zuvor versichere, daß die Geschichte ganz wahr ist, und daß die folgende Briefe auf mein Ersuchen an mich geschrieben wurden. Einige mündliche Erzählungen der darin enthaltenen Begebenheiten machten meine Neugierde rege, eine zusammenhängende Nachricht derselben zu lesen, und der Verfasser war so gütig mir darin zu willfahren, ohne daß er zu der Zeit die Absicht hatte, daß sie sollte im Druck öffentlich bekannt gemacht werden. — Aber das wiederholte dringende Anhalten vieler Freunde haben mich endlich dazu genöthiget. Zudem ist auch in der That dieser Herausgebung der Geschichte um so nöthiger, da verschiedene unvollkommene Abschriften von einem zum andern herumgetragen worden sind, und man Ursache gehabt hat zu vermuthen, daß irgend eine unächte Ausgabe, ehe man sichs versehen, durch den Druck in die Hände des Publikums gespielt werden möchte.

Ich habe deswegen mit Genehmigung des Verfassers diese Briefe jetzt in ihrer ursprünglichen Gestalt gemein gemacht. Sie waren als freundschaftliche Briefe, die nur zur Befriedigung meiner Neugierde dienen sollten, in Eil geschrieben. Allein die Schreibart sowohl als auch die Erzählung selbst, ist so faßlich und leicht, daß es sehr überflüßig seyn würde, auch nur etwas daran zu verändern. Ich füge daher nichts weiter hinzu, als den sehnlichen Wunsch: Daß die große Wahrheiten, die sie enthalten, eben so sehr die Erbauung befördern mögen, als die Begebenheiten rührend und unterhaltend sind.

Aldwinkle
im August 1764.

T. Haweis.

Inhalt.

Inhalt.

Erster Brief. Anmerkungen zur Einleitung in der Geschichte. Seite 1

Zweiter Brief. Vorfälle in den ersten Jahren der Kindheit. S. 15

Dritter Brief. Seereise nach Kent und Seereise nach Venedig. S. 25

Vierter Brief. Seereise nach Madeira, Begebung auf ein Guineisches Schiff, und Seereise nach Afrika. S. 47

Fünfter Brief. Von denen in Afrika erduldeten Beschwerlichkeiten. S. 58

Sechster Brief. Weitere Fortsetzung über den Aufenthalt in Afrika, und was sich während demselben dabey zutrug. S. 69

Siebenter Brief. Reise von Cap Lopez nach England zu. S. 81

Achter Brief. Gefahr und merkwürdige Ereignisse auf der Fahrt nach Cap Lobez. S. 93

Neunter Brief. Begebenheiten zu Irland und Ankunft in England. Seite 106

Zehnter Brief. Seereise nach Afrika. S. 117

Elfter Brief. Seereise nach Antigua, Wiederkunft zu England, und Verheyrathung. S. 129

Zwölfter Brief. Eine zwote Seereise als Capitain nach Afrika. S. 140

Dreyzehnter Brief. Letzte Seereise nach Afrika. S. 150

Vierzehnter Brief. Beschluß der Erzählung. S. 160.

Die merkwürdige Bekehrungsgeschichte des berühmten englischen Obersten Gardiners. S. 176

Erster Brief
Anmerkungen zur Einleitung in der Geschichte

Hochehrwürdiger,
Hochgeschätzter Herr!

Ich zweifle nicht daran, daß Sie manchmal sich schon mit angenehmen Betrachtungen über die Verheißung werden unterhalten haben, die den Israeliten gegeben wurde 5 Mos. 8, 2. — — und gedenket alle des Weges, durch den dich der Herr dein Gott geleitet hat, diese vierzig Jahr in der Wüsten, auf daß er dich demüthigte, und versuchte, daß kund würde, was in deinem Herzen wäre, ob du seine Gebote halten würdest oder nicht. Sie befanden sich damals in der Wüste, waren von Beschwerden umringet, die von ihnen selbst durch ihr Mißtrauen und verkehrtes Wesen sehr vergrössert wurden; sie hatten mannigfaltige abwechselnde Schicksale erfahren, deren Zweck sie noch jetzt nicht einsehen konnten; sie verloren sehr oft die gnädige Absichten Gottes zu ihrem Besten aus den Augen, und wurden wegen des Weges, den er sie leitete, sehr mißmüthig. Um nun ihre Gemüther zu besänftigen und sie zu ermuntern, stellt ihnen hier Moses vor, daß eine glückliche Zeit herannahe, da ihre Reise und ihr Kriegsleben ein Ende nehmen würde; daß sie nun bald von dem verheissenen Lande Besitz nehmen und dann von allen ihren Sorgen und Plagen ausruhen sollten, und daß es ihnen alsdann ein Vergnügen seyn würde, auf das, was sie itzt so sehr schwer zu ertragen fänden, zurückzusehen. — „Du wirst dich zurückerinnern alle des Weges, durch den dich der Herr dein Gott in der Wüsten geleitet hat."

Aber noch wichtiger und tröstlicher müssen uns diese Worte seyn, wenn wir sie in einem geistlichen Sinne, als an alle diejenige gerichtet, betrachten, die sich auf der Reise durch diese Welt nach einem himmlischen Kanaan befinden; die durch den Glauben an die Verheißungen und Kraft Gottes eine

ewige

ewige Ruhe, in jenem Reiche, das nicht erschüttert werden kann, suchen. Die Hoffnung zu jenem herrlichen Erbe flößt uns einigermaßen Muth und Eifer ein, durch alle Hindernisse uns hindurch zu arbeiten, um immer weiter zu kommen und endlich dahin zu gelangen, wo Jesus als unser Vorgänger schon eingegangen ist, und wenn wir nur immer unverrückt auf ihn sehen, dann überwinden wir auch gewiß alles und jedes, das uns in unserem Fortgange aufhalten will. Allein wir haben das Ziel doch noch nicht erreicht; wir empfinden noch immer die Schwachheiten einer gefallenen Natur; die Ueberbleibsel der Unwissenheit und des Unglaubens bey uns machen, daß wir oft die gütige Absichten Gottes, weswegen er so und nicht anders mit uns handelt, verkennen, und zu klagen geneigt sind, da wir doch, wenn wir alles gehörig einsähen, eher uns freuen würden. Aber auch für uns kommt eine Zeit, da unser Kampf vollendet, unsere Einsichten erweitert und unser Licht vermehret werden wird. Mit welchen Entzückungen der Anbetung und Liebe werden wir alsdenn auf den Weg zurücksehen, auf welchem uns der Herr leitete? Wir werden alsdenn einsehen und bekennen, daß Gnade und Güte jeden unserer Schritte regierte,

A 2 wir

wir werden einsehen, daß das, was unsere Unwissenheit ehemals Widerwärtigkeiten und Uebel nannte, in Wahrheit Wohlthaten waren, ohne die wir nicht hätten zurechte kommen können; daß uns nichts ohne daß eine Ursache dazu vorhanden war, begegnete: daß keine Noth uns früher zustieß, oder schwerer drückte, oder länger dauerte, als es unser Zustand erforderte, mit einem Worte, daß unsere Leiden, und zwar ein jedes derselben für sich, zu den Mitteln gehörten, deren sich die göttliche Gnade und Weisheit bediente, um uns zu dem Besitze der über alle Maßen grossen und ewigen Herrlichkeit zu bringen, die der Herr für sein Volk bereitet hat. Und auch sogar in diesem unvollkommnen Zustande, wenn wir gleich selten im Stande sind, von unsern gegenwärtigen Umständen richtig zu urtheilen, können wir doch, wenn wir auf die Jahre unsers verflossenen Lebens zurücksehen und die Schicksale, die wir erfahren haben, mit dem Zustande unserer Seelen in jedem auf einander folgenden Zeitpunkte vergleichen, wenn wir bedenken, wie wunderbarlich die eine Sache mit der andern zusammenhing, so daß diejenige Veränderungen, die wir jetzt für die wichtigste und glücklichste in unserm Leben halten,

viel-

vielleicht von zufälligen Umständen, die wir kaum
nur unserer Achtsamkeit werth hielten, ihren ersten
Ursprung nahmen, und daß wir manchmal den größten Gefahren die uns droheten, entgangen sind,
nicht etwa durch irgend eine eigene Klugheit, oder
Vorsichtigkeit, sondern durch die Darzwischenkunft
von Umständen, an die wir gar nicht dachten und
die wir also noch vielweniger uns selbst herbeyschaffen
konnten. — Ich sage, wenn wir diese Dinge bey
dem Lichte, das uns die heilige Schrift darbietet,
mit einander vergleichen und betrachten, können wir
aus dem engen Bezirk unserer eigenen Angelegenheiten uns unwidersprechliche Beweise davon sammlen,
daß die weise und gütige Vorsehung Gottes über
sein Volk von dem ersten Augenblicke ihres Lebens
an wacht, sie bey allen ihren Verirrungen in einem
Zustande der Unwissenheit regieret und beschützet,
sie auf einem ihnen unbekannten Wege leitet, bis
endlich seine Vorsehung und Gnade sich mit solchen
Begebenheiten und Eindrücken endigen, die sie zur
Erkenntniß seiner und ihrer selbst bringen.

Ich weiß gewiß, daß ein jeder Gläubiger, wenn
er recht darüber nachdenkt, in seiner eigenen Lebens-
geschichte genug finden wird, das zur Bestätigung
dieser

dieser Bemerkung dienet; aber doch werden nicht alle sie in gleichem Grade an sich bestätiget finden. Bey vielen sind die äusserliche Umstände einförmig gewesen, sie haben nur wenige Abwechselungen in ihrem Leben erfahren; und was ihre innerliche Veränderung anbetrifft, so ist dieselbige auf eine geheime Weise, ohne daß dieselbige von andern beobachtet und so daß sie auch kaum von ihnen selbst bemerkt wurde, gewirkt worden. Der Herr hat nicht zu ihnen in einem Donner und Ungewitter geredet, sondern mit einer stillen schwachen Stimme hat er sie allmählig zu sich gezogen; so daß, wiewohl sie eine glückselige gewisse Versicherung von der Sache selbst haben, daß sie Ihn kennen und lieben, und daß sie vom Tode zum Leben hindurch gedrungen sind, sie doch eben nicht genau die Zeit wenn, und die Art und Weise wie sie dazu gekommen sind, angeben können. Andere scheint er dazu ausersehen zu haben, um an ihnen die unermeßliche Reichthümer seiner Gnade und die Grösse seiner mächtigen Kraft zu erzeigen; er läßt der natürlichen Empörung und Bosheit ihrer Herzen ihre völlige Freyheit, während dem Sünder, die weit weniger sich durch ihre Sünden hervorgethan haben,

nach

nach wenigen vorhergegangenen Warnungen weggerafft werden, werden diese erhalten, ob sie gleich mit aufgehabener Hand und so, als wenn sie recht muthwillig auf ihr Verderben sonnen, sündigen. Endlich, wenn alle die sie kannten, vielleicht in der Erwartung stehen zu vernehmen, daß sie zu merkwürdigen Beyspielen der göttlichen Rache gemacht worden sind, gefällt es dem Herrn (dessen Gedanken so viel höher sind wie die unsrige, als die Himmel höher sind wie die Erde) sie wie ein Brand aus dem Feuer zu reissen, und sie zu Denkmäler seiner Barmherzigkeit, anderen zur Ermunterung zu machen. Sie werden wider alle Erwartung überzeugt, begnadiget und verändert. Ein Exempel dieser Art zeuget nicht weniger von einer göttlichen Allmacht als die Schöpfung einer Welt, es ist ganz augenscheinlich ein Werk des Herrn und ist ein Wunder in den Augen aller derer, die nicht durch Vorurtheil und Unglauben geblendet sind.

Ein solches Exempel war der verfolgende Saulus; sein Herz war voller Feindschaft gegen Jesum von Nazareth und deswegen verfolgte und verdarb er seine Jünger. Er war der Kirche zu Jerusalem ein Schrecken gewesen und war in der nemlichen

Absicht

Abſicht auf dem Wege nach Damascus. — Er athmete noch immer Drohungen und Blutvergieſſen wider alle, die den Herrn Jeſum liebten. — Er dachte wenig daran, wie viel Unheil er bisher angerichtet hatte — Er ging damit um, die ganze Secte zu unterdrücken, und indem er von Haus zu Haus, von Ort zu Ort eilte, waren ſeine Blicke voller Drohungen, und mit jedem Athemzuge verkündigte er aufs neue Schreckniſſe. So war ſein Herz und ſeine Geſinnung beſchaffen, als der Herr Jeſus, den er haßte und dem er ſich widerſetzte, ihn, da ſeine Wuth aufs höchſte geſtiegen, zur Rede ſtellte, ihn ſeinen grimmigen Verfolger zu der Würde eines Apoſtels berief und ihn mit groſſem Eifer und Ernſt erfüllete eben den Glauben zu predigen, den er erſt kürzlich zu vertilgen geſucht hatte.

Es fehlet uns auch noch immer zu unſern Zeiten nicht an merkwürdigen Offenbarungen der nemlichen unumſchränkt freyen und kräftigen Gnade — — Ich darf beſonders hier nur das Beyſpiel des wailand Oberſten Gardners anführen. Wenn irgend eine wahre Zufriedenheit in einem ſündlichen Lebenswandel zu finden wäre, würde ſie ihm zu Theil geworden ſeyn; denn er machte die Probe mit allem nur

mög-

möglichen Vortheile — Er hatte eine Fertigkeit im
Bösen und viele ungewöhnliche, beynahe wunderbare, Errettungen machten keinen Eindruck auf ihn.
Dennoch wurde er gleichfalls an dem Tage der
Macht Gottes willig gemacht; und das herrliche
Beyspiel seines Lebens, welches durch die Nachricht, die von ihm nach seinem Tode öffentlich im
Druck erschienen, in ein helles Licht gesetzt und weit
umher bekannt worden ist, hat zu einer Veranlassung zu vielen Lobpreisungen Gottes und nicht weniger auch zu vielem Troste für sein Volk gedienet.

Nach Aufführung solcher Namen, können Sie
mein Hochgeschätzter Herr es mir wohl erlauben,
meinen eigenen hinzuzufügen? Wenn ich es thue,
so darf ich es doch nicht anders als mit einer sehr demüthigen Unterscheidung thun. Diese, die einstmals so vorzüglich grosse Sünder waren, zeigten sich
hernachmals als vorzüglich fürtrefliche Christen; viel
war ihnen vergeben worden, daher liebten sie viel.
Der Apostel Paulus konnte von sich sagen: Die
Gnade, die mir verliehen wurde, ist an mir nicht
vergeblich gewesen, sondern ich habe viel mehr
gearbeitet, denn sie alle. 1 Corinth. 15, 10. Der
Oberste Gardner war gleichfalls wie eine Stadt die

auf einem Berge stehet, ein brennend und scheinend Licht; die Art seiner Bekehrung war kaum sonderbarer, als sein ganzer Lebenswandel von der Zeit an bis zu seinem Tode. Hier ist es, wo ich mich, ach leider! gar nicht mit diesen vergleichen darf! es hat sich nicht so mit mir verhalten — — Ich kann nicht anders als mit gerechter Schaam gestehen, daß ich gar nicht so, wie ich hätte sollen, mich für das, was ich empfangen habe, dankbar bewiesen habe. Allein wenn hier nur die Rede ist von der Geduld und Langmuth Gottes, der wunderbaren Vermittelung seiner Vorsehung zum Besten eines unwürdigen Sünders, der Macht seiner Gnade in Erweichung des verhärtesten Herzens und dem Reichthum seiner Gnade in der Vergebung der schrecklichsten und gehäuftesten Missethaten, wenn, sage ich, nur hievon die Rede ist, so weiß ich in dieser Rücksicht kein außerordentlicheres Beyspiel als mein eigenes, und in der That mehrere, denen ich meine Geschichte erzählt habe, haben es der Mühe werth gehalten, daß sie aufbehalten würde.

Ich habe niemals eine kurzgefaßte schriftliche Nachricht davon, wie der Herr mit mir gehandelt hat, gegeben, als erst ganz vor kurzem; denn ich wurde

wurde davon abgeschreckt, auf der einen Seite durch die grosse Schwierigkeit, die es mit sich führet, auf eine geschickte Weise da, wo es einen selbst betrift, zu schreiben, und auf der andern Seite durch den Mißbrauch, den bekanntlich Leute von verderbter und verkehrter Denkungsart und Gesinnung nur zu oft von solchen Beyspielen machen. Der Psalmdichter erinnert uns, daß eine Vorbehaltung in diesen Dingen billig und recht ist, wenn er spricht Psalm 66, 16. Kommet her höret zu, alle die ihr Gott fürchtet, ich will erzählen, was er an meiner Seele gethan hat. Und unser Herr ertheilt uns die Klugheitsregel Matth. 7, 6. daß wir unsere Perlen nicht für die Säue werfen sollen. Die Perlen eines Christen sind wohl gewiß seine vorzügliche Erfahrungen von der Macht und Liebe des Herrn in den Angelegenheiten seiner Seele, und diese sollten nicht auf jeden Fall bekannt gemacht werden, damit wir nicht etwa irdischgesinnten und niederträchtigen Seelen Gelegenheit geben mögen, das, was sie nicht verstehen können, auf eine schlechte Weise zu behandeln. Diese waren die vornehmste Ursachen warum ich mich zurückhielte; aber vor wenigen Wochen bequemte ich mich nach dem Urtheile

theile und dem Begehren eines sehr hochgeehrten Freundes, und übersandte ihm eine ausführliche Erzählung in acht ordentlich auf einander folgenden Briefen. Der Erfolg davon war, was ich gar nicht erwartete; ich schrieb an einen, aber meine Briefe sind in viele Hände gekommen. Unter andern finde ich, daß sie auch Ihnen zu Gesichte gekommen sind, und anstatt mich zu tadeln, daß ich zu ermüdend und umständlich darin gewesen sey, welches der Fehler war, den ich befürchtete begangen zu haben, sind Sie so gütig, eine noch deutlichere und ausführlichere Lebensbeschreibung von mir zu begehren. Da Sie und mehrere meiner guten Freunde in der Meinung stehen, daß, wenn ich dieses Ihr Begehren erfüllte, es mit einigem Nutzen begleitet werden, das angenehme Werk der Lobpreisung unsers anbetungswürdigen Erlösers befördern, oder den Glauben des einen oder andern von seinem Volke stärken möchte, so bin ich bereit Ihnen zu gehorchen. Ich lasse alle meine eigene Bedenklichkeiten über die Unschicklichkeit fahren, daß eine so unbedeutende Person wie ich bin, sich unterfängt, auf eine solche Weise öffentlich aufzutreten.

Wenn

Wenn nur Gott von meinetwegen verherrlichet werden, und seine Kinder durch das, was ich von seiner Güte zu verkündigen habe, einigermaßen getröstet und belehrt werden mögen, werde ich zufrieden seyn, und überlasse gerne alle andere mögliche Folgen von dieser Unternehmung den Händen dessen, der alles wohl macht.

Ich muß wiederum meine Zuflucht zu meinem Gedächtniß nehmen, da ich keine Abschrift von den Briefen behalten habe, die Sie gesehen haben. So viel als ich mich erinnern kann damals geschrieben zu haben, will ich erzählen, werde aber nicht eine unnöthige Verschiedenheit im Ausdrucke und in der Einkleidung, blos deswegen, weil jene schon von vielen gelesen worden sind, zu beobachten mich befleißigen. Es mag seyn, daß ich in einigen Stellen wo ich die nemliche Sache wiederhole, mich beynahe mit den nemlichen Worten ausdrücken werde; jedoch ist es mein Vornehmen, Ihrem Verlangen gemäß, diese Erzählung ausführlicher und umständlicher als die vorige zu liefern, besonders gegen das Ende hinzu, wo ich zu eilfertig alles zusammen drängte, damit mein Freund nicht ermüdet werden mögte.

mögte. Ich hoffe, daß Sie es mir gleichfals werden zu Gute halten, wenn ich mich nicht immer ganz genau auf bloße Erzählung einschränke, sondern dann und wann auch diejenige Betrachtungen mit einstreue, die sich mir während dem Schreiben darbieten; und wenn auch gleich Sie mir angezeigt haben, daß Sie willens wären das, was ich Ihnen übersenden würde, auch andern mitzutheilen, so darf ich doch deswegen eine Kürze und Zierlichkeit, die mir nicht natürlich eigen ist, nicht zu erkünsteln suchen, damit nicht das Ganze trocken und gezwungen erscheinen möge. Ich werde daher (wo möglich) nur an Sie denken und mit der Zuversicht und Freymüthigkeit schreiben, die Ihre Freundschaft und Mildigkeit verdient. Dieser Bogen mag zu einer Vorrede dienen, und ich nehme mir vor, so viel ich kann, viele andere Geschäfte so lange beyseite zu setzen, bis ich diese Arbeit, die Sie mir auferlegt haben, zu Ende gebracht habe. Inzwischen ersuche ich Sie, mich mit Ihrem Gebäte zu unterstützen, damit ich bey dieser und bey allen meinen andern armseligen Unternehmungen, ein einfältiges Auge auf die Ehre dessen gerichtet haben möge, dem es

gefiel

gefiel mich aus der greulichsten Finsterniß zu dem wunderbaren Lichte seines Evangelii zu berufen. Ich bin mit der aufrichtigsten Hochachtung

Ew. Hochehrwürden
Meines Hochgeschätzten Herrn

Januar 12.   ganz ergebenster Diener
1763.   • • •

Zweyter Brief
Vorfälle in den ersten Jahren der Kindheit.

Hochehrwürdiger Herr!

Es gewähret mir bisweilen ein Vergnügen, wenn ich jenes dankbare Geständniß Davids auch von mir gebrauche, Psalm 116, 16. O Herr ich bin dein Knecht: ich bin dein Knecht, deiner Magd Sohn, du hast meine Bande zerrissen. Die zärtliche Barmherzigkeit Gottes gegen mich zeigte sich in dem ersten Augenblicke meines Lebens. — Ich wurde gleichsam in seinem Hauße gebohren und schon in meiner ersten Kindheit Ihm zugeeignet. Meine Mutter war (wie mir von vielen gesagt worden ist) eine fromme und bewährte Christin; sie war eine Dissenterin und gehörte zu der Gesellschaft des weiland

land Dr. Jennings. Ich war ihr einziges Kind, und da sie von schwächlicher Leibesbeschaffenheit und stiller Gemüthsart war, so machte die Sorge für meine Erziehung fast ihre ganze Beschäftigung aus. Ich besitze noch so eine schwache Erinnerung an ihre Sorgfalt und ihre Belehrungen. Zur Zeit, da ich nicht wohl mehr als drey Jahre alt seyn konnte, unterrichtete sie selbst mich im Englischen, und zwar mit einem so guten Erfolge (da ich einigermassen eine gute Anlage zur Gelehrigkeit hatte) daß, als ich vier Jahr alt war, ich fertig und geschickt in jedem gemeinen Buche das mir vorkam lesen konnte. Sie bereicherte mein Gedächtniß, welches damals sehr behaltsam war, mit vielen schätzbaren Denksprüchen, Kapiteln und Theilen aus der h. Schrift, aus Catechismen, Liedern und Gedichten. Mein Temperament schien zu der Zeit ganz so zu seyn wie sie es wünschte. Ich hatte wenig Neigung zu den lärmenden Spielen und Lustbarkeiten der Kinder, sondern war am vergnügtesten wenn ich mich in ihrer Gesellschaft befand, und war immer so bereitwillig zu lernen als sie war mich zu unterrichten. Wie auch die beste Erziehung in so ferne fehlschlagen kann, daß sie nicht bis ans Herz reicht, wird aus dem Verfolg meiner Geschichte nur mehr als zu sehr sichtbar werden, dennoch aber deucht mir, daß ich zur Ermunterung für fromme Eltern fortzufahren an ihrem Theile treulich das ihrige zu thun um die Gemüther ihrer Kinder zu bilden, füglich mich selbst als ein Beyspiel anführen darf. Obgleich ich mit dem Fortgange der Zeit alle die Vortheile dieser frühen

frühen Eindrücke durch Sündigen vereitelte, so waren sie doch bey mir für eine lange Zeit eine Zurückhaltung vom Bösen; sie kehrten immer wieder zu mir zurück, und es währte sehr lange, bis ich mich ihrer gänzlich entschlagen konnte, und als mir der Herr endlich die Augen eröffnete, fand ich auch grossen Nutzen in der Zurückerinnerung an dieselbige. Ferner, noch ausserdem, daß meine Mutter vielen Fleiß auf mich verwandte, empfahl sie mich auch oft im Gebät und mit vielen Thränen Gott, und ich zweifle nicht, daß ich noch bis auf diese Stunde die Früchte dieser Gebäte einerndte.

Meine Mutter bemerkte mein frühes Fortschreiten mit vorzüglichem Vergnügen, und hatte gleich von Anfang an die Absicht, mich für den Dienst des Evangelii aufzuerziehen, wenn der Herr mein Herz dazu geneigt machen würde. In meinem sechsten Jahre fieng ich an Lateinisch zu lernen; aber ehe ich Zeit hatte viel davon zu wissen, wurde der vorgenommene Plan meiner Erziehung zunichte gemacht. Die Absichten des Herrn giengen viel weiter als die Aussichten einer irdischen Mutter reichten; es gefiel Ihm mich für einen ungewöhnlichen Beweiß seiner Gedult, Vorsehung und Gnade aufzubehalten, und er lenkte daher das Vorhaben meiner Freunde anders, indem ich dieser fürtrefflichen Mutter beraubt ward, da ich noch nicht völlig sieben Jahr alt war. Ich war den 25 Julii 1725 gebohren, und sie starb den 11 desselbigen Monats 1732.

Mein Vater befand sich damals zur See, (er war zu der Zeit ein Befehlshaber in der mitteländischen

dischen Handlung.) Er kam im folgenden Jahre nach Hause und heyrathete bald hernach wieder. So trug sichs zu, daß ich in verschiedene Hände gerieth. Ich wurde in aller andern Absicht gut behandelt, aber der Verlust der Unterweisungen meiner Mutter wurde nicht wieder ersetzt. Es wurde mir nun zugelassen, mich mit unbedachtsamen und gottlosen Kindern abzugeben, und ich fieng bald an ihre Gewohnheiten zu lernen. Bald nach der Heyrath meines Vaters wurde ich nach einer Wohnschule zu Esser hingeschickt, wo die unkluge Strenge des Lehrmeisters meine Lust und meinen Geschmack für Bücher beynahe gänzlich verdarb. Bey ihm verlernte ich die erste Grundsätze und Regel der Rechenkunst, die mir meine Mutter vor Jahren gelehrt hatte. Ich blieb zwey Jahre da; in dem letzten dieser beyden Jahre kam ein neuer Untermeister, und da dieser besser auf mein Temperament acht hatte und sich besser in dasselbe zu schicken wußte, so widmete ich mich mit großem Ernste dem Lateinischen so, daß noch ehe ich zehn Jahr alt war, ich die erste Stelle in der zweyten Classe, worin auf der Schule damals der Tullius und Virgil gelesen wurde, erhielt und behauptete. Ich glaube, daß ich zu geschwinde vorangesetzt wurde, und deswegen weil kein rechter Grund bey mir gelegt worden war, vergaß ich wieder alles was ich gelernt hatte, (denn in meinem zehnten Jahre hörte ich auf die Schule zu benutzen) und als ich lange hernach es unternahm das Lateinische aus Büchern zu lernen, so kam mir, wie mir deucht das, was ich vorhin gelernt hatte, hiebey wenig und fast gar nicht zu statten.

Meines

Meines Vaters zweyte Henrath war aus einer Familie in Essex; und da ich eilf Jahr alt war, nahm er mich mit sich zur See. Er war ein Mann, der einen vorzüglich guten Verstand und große Weltkenntniß besaß. Er sorgte sehr für das was meine Sitten angieng, konnte aber doch die Stelle meiner Mutter nicht ersetzen. Da er selbst in Spanien auferzogen worden war, so beobachtete er immer ein gewisses entferntes und strenges Wesen in seinem Betragen gegen mich, welches mich nur immer in der Furcht hielt und mir allen Muth und alles Zutrauen zu ihm benahm. Ich fürchtete mich allemal, wenn ich mich in seiner Gegenwart befand, und daher konnte er auch in der Hauptsache um so viel weniger bey mir ausrichten. Von der Zeit an bis zum Jahr 1742 machte ich verschiedene Seereisen, aber so, daß es immer ziemlich viele und lange Zwischenzeiten gab, wo ich nicht auf Reisen war, diese brachte ich meistens im Lande zu, ausgenommen einige wenige Monate in meinem fünfzehnten Jahre, wo ich zu Alicant in Spanien zu wohnen kam, indem ich da sehr vortheilhafte Aussichten hatte; allein mein noch so gar nicht gesetztes Betragen und meine Ungeduld unter dem Zwange vereitelten diesen ganzen Plan.

Zu dieser Zeit meines Lebens war meine Denkungsart und mein Betragen entsetzlich veränderlich. Als ich noch auf der Schule war oder bald hernach, bekümmerte ich mich wenig um die Religion und erhielt sehr leicht böse Eindrücke. Aber ich wurde oft durch Ueberzeugungen meines Gewissens beunruhiget; ich hatte von Kindheit an Lust zum lesen; unter andern Büchern las ich oft Burnets christliche Oratorie; und obgleich ich nur sehr wenig davon verstund, so leuchtete mir doch die Lebensordnung, die darin empfohlen wird, als sehr wünschenswerth ein und ich war geneigt es zu versuchen ob ich nicht so leben könnte. Ich fieng an zu beten, die heilige Schrift zu lesen, und eine Art von Tagebuch zu halten; ich ward gar bald in meinen eigenen Augen religiös, aber ach leider! hatte dieses scheinbare Gute keinen vesten Grund, sondern gieng wieder vorüber wie eine Morgenwolke, oder wie die frühe Morgendämmerung. Ich ward es bald müde, gab es allmählig wieder auf und wurde alsdenn nur noch schlimmer wie vorhin; anstatt zu beten, lernte ich fluchen und schwören und war entsetzlich gottlos, so bald ich meinen Eltern aus den Augen war. Alles dieses geschah ehe ich zwölf Jahre alt war. Ohngefähr um die Zeit hatte ich einen gefährlichen Fall vom Pferde. Ich wurde, wie ich glaube, nur einige wenige Zoll weit von einer Hecke hingeworfen die erst vor kurzem abgehauen worden war; es gieng ohne Schaden zu nehmen her; allein ich konnte nicht umhin hieben auf die göttliche Vorsehung aufmerksam zu seyn, die mich so gnädiglich bewahrte; denn wenn ich auf die Stumpfen gefallen wäre, hätte es gar nicht anders seyn können, als daß ich mein Leben eingebüßt hätte. Mein Gewissen stellte mir die schröckliche Folgen vor, die es für mich würde gehabt haben, wenn ich in einem solchen Zustande wäre vorgefodert worden vor Gott zu erscheinen. Ich ließ alsobald von meinen sündlichen Gewohnheiten ab und erschien ganz verändert; aber es dauerte nicht lange, so ließ ich auch wieder vom Guten ab. Diese Kämpfe zwischen Sünde und Gewissen wurden oft wiederholt; aber die Folge davon war, daß jeder Rückfall mich in noch größere Tiefen der Ruchlosigkeit stürzte. Ich wurde einmal durch den Verlust eines sehr vertrauten Gesellschafters aufgeweckt. Wir hatten uns miteinander vereiniget, uns an Bord eines Kriegsschiffes zu begeben, (wenn ich mich nicht irre war es an einem Sonntage) aber ich kam, durch göttliche Vorsehung so regiert, glücklicherweise zu spät. Das Boot warf um, und er und verschiedene andere ertranken. Ich wurde zu dem Leichenbegängniß meines Spielkameraden eingeladen, und war ausserordentlich gerührt, als ich darüber nachdachte, wie durch die Verzögerung von einigen wenigen Minuten (die mich recht mißvergnügt und ärgerlich gemacht hatte, bis ich den Ausgang sahe) mein Leben erhalten worden sey. Inzwischen ward ebenfals dieses von mir sehr bald vergessen. Ein anderesmal veranlaßte bey mir die Lesung des Familien-Unterweisers eine partheyische und vorübergehende Verbesserung. Kurzum, ob ich gleich nicht ganz genau alle einzelne Umstände erzählen kann, nahm ich doch, deucht mir, zu drey oder vier verschiedenenmalen, noch ehe ich sechszehn Jahre alt war, einen religiösen Schein an und legte ihn wieder ab; allein diese ganze Zeit über war mein Herz unlauter. Ich sahe oft die Nothwendigkeit der Religion als ein Mittel um der Hölle zu entrinnen ein, aber ich hatte die Sünde lieb, und mogte sie gar nicht gerne fahren lassen. Beyspiele hievon waren,

B 3 wie

wie ich mich zu erinnern weiß, mitten unter allen meinen äusserlichen guten Bezeugungen nichts seltenes. Ich war so sehr blind und dumm, daß manchmal, wenn ich mir Dinge vorgenommen hatte, von denen ich wußte, daß sie sündlich und ganz meiner Pflicht zuwider waren, ich nicht ruhig in der Sache fortfahren konnte, bis ich meine gewöhnliche Gebetsaufgabe verrichtet hatte, wobey es mir um jede Minute meiner Zeit recht leid that, daß ich sie dazu verwenden mußte; und wenn ich hiemit fertig worden war, denn war mein Gewissen einigermaßen besänftiget und ich konnte, ohne viele Gewissensangst dabey zu empfinden, auf Thorheit losrennen.

Meine lezte Aenderung war so wohl wegen ihres Grades als auch wegen ihrer Dauer die merkwürdigste. In Absicht auf diesen Zeit Abschnitt meines Lebens, wenigstens in Absicht auf einen Theil desselben, kann ich wohl dem Apostel die Worte nachsagen: Nach der strengsten Secte unserer Religion lebte ich als ein Pharisäer. Ich that alles was nur von einem Menschen zu erwarten war, der in Absicht auf die Gerechtigkeit, die vor Gott gilt, ganz unwißend war und gerne seine eigene errichten mögte. Ich brachte den größesten Theil eines jeden Tages mit Lesen der heil. Schrift, mit Nachdenken und Gebet zu; ich fastete oft; Ich enthielt mich sogar drey Monate lang aller Fleisch-Speisen; ich wolte kaum eine Frage beantworten, aus Furcht ein unnüzes Wort zu reden. Ich schien meine ehemalige Vergehungen sehr ernstlich zu betrauren und that es sogar bisweilen mit Thränen. Kurz, ich ward gewisserwissermaßen ein Mönch und bemühete mich so viel es meine Umstände erlaubten, aller Gesellschaft zu entsagen, damit ich der Versuchung ausweichen mögte. Ich beharrte in dieser ernsthaften Laune (einen beßeren Namen kann ich der Sache nicht beylegen) über zwey Jahre lang, ohne daß ich eben sonderlich davon abgelaßen hätte. Aber es war eine elende Religion; sie ließ mich in weiter Absicht unter der Herrschaft der Sünde, und in so fern als sie die Oberhand behielt, diente sie zu nichts, als nur mich trübsinnig, dumm, ungesellig und unnütz zu machen.

So war mein Seelenzustand beschaffen, als ich mit Lord Schaftesbury bekandt wurde. Ich sah den zweyten Theil seiner Characteristiken in einem schlechten Laden zu Middelburg in Holland. Der Titel verleitete mich ihn zu kauffen und die Schreibart so wohl als auch der Inhalt vergnügte mich sehr beym Lesen desselben, besonders gefiel mir das zweyte Stück, welchem der Lord recht schicklich den Namen einer Rapsodie (eines zusammen gestoppelten Werks) gegeben hat. Nichts konnte zu dem romantischen Hange meines Gemüths sich beßer paßen, als die Vorrede zu dieser prächtigen Abhandlung; die eigentliche Meinung und Absicht davon wurde ich nicht gewahr; ich hielt den Verfasser für einen sehr religiösen Mann, und glaubte, ich hätte, um glücklich und seelig zu werden, nichts zu thun als nur ihm zu folgen. So ward durch schöne Worte und süße Reden mein einfältiges Herz getäuscht. Dieses Buch hatte ich immer in der Hand; Ich laß es, bis ich beynahe die Rapsodie wörtlich von Anfang an an bis zu Ende hersagen konnte. Es äußerte so gleich keine Wirkung bey mir, aber es wirkte gleich einem langsamen Gifte, und bahnte den Weg zu allem dem, das darauf folgte.

Dieser Brief bringt meine Geschichte herunter bis zum December 1742. Ich war da erst kürzlich von einer See-Reise zurückgekommen, und mein Vater, der nicht willens war wieder zur See zu gehen, ging damit um, irgend eine Lebensart oder Handthierung für mich auszufinden, wobey ich künftig meinen gewißen Unterhalt in der Welt haben mögte; allein ich hatte wenig Leben oder Munterkeit zu Geschäften; Ich hatte sehr wenig Kenntniß von Menschen und von andern Dingen. Ich hatte mich in einen schwärmerischen Plan zu einem Leben in steter Andacht und heiligen Betrachtungen verliebt; in einem Mischmasch von Religion, Philosophie und Unempfindlichkeit; und mogte gar nicht an eine fleißige Obliegung irgend einem Geschäfte nur einmal denken. Endlich that ein Kaufmann zu Liverpool, ein vertrauter Freund meines Vaters, (dem ich als ein Werkzeug der Güte Gottes seit der Zeit hauptsächlich alle meine irdische Glücks Umstände zu danken gehabt habe,) den Vorschlag, mich auf einige Jahre nach Jamaica zu schicken, und die Sorge für mein künftiges Glück selbst zu übernehmen. Ich willigte hierin und alles wurde zu meiner Abreise fertig gemacht. Es war an dem, daß ich die folgende Woche abfahren wollte. Indessen schickte mich mein Vater in einem gewißen Geschäfte an einen Ort hin, wenige Meilen hinter Maidstone in Kent,

Kent, und diese kleine Reise, die nur auf drey oder vier Tage seyn solte, verursachte eine plötzliche und merkwürdige Wendung, die mich aus meiner mir schon fest zur Natur gewordenen Unempfindlichkeit, zu der ich mich gewöhnt hatte, aufweckte, und machte den Anfang zu den ungewöhnlichen Schicksalen, von denen Sie verlangen, daß ich Ihnen eine umständlichere Nachricht ertheilen soll. So wahr ist es was Salamo sagt. Sprw. 16, 9. Des Menschen Herz schläget seinen Weg an, aber der Herr allein gibt, daß er fortgehe.

Ich bin mit aller Hochachtung

Ihr

Januar 13. 1763.

ergebenster Freund und Diener.

Dritter Brief

Reise nach Kent und Seereise nach Venedig.

Hochgeschätzter Herr!

Wenige Tage vor meiner vorgenommenen Reise nach Kent erhielt ich eine Einladung, eine gewiße Familie in der Grafschaft zu besuchen. — Sie waren weitläuftige Anverwandte, aber sehr vertraute

B 5. Freun-

Freunde von meiner lieben Mutter; sie war in ihrem Hause gestorben; aber ein Kaltsinn hatte sich bey Ihnen wegen der zweyten Heyrath meines Vaters eingefunden, und ich hatte in vielen Jahren nichts von ihnen vernommen. Da ihr Hauß nur eine halbe Meile von meinem Wege ablag, erhielt ich von meinem Vater die Erlaubniß bey ihnen anzurufen. Ich war jedoch ganz gleichgültig dabey, und dachte etlichemal, ich wollte lieber vorbey reisen; Inzwischen gieng ich doch dahin; sie kannten mich gleich bey dem ersten Anblick, noch ehe ich ihnen meinen Namen sagen konnte, und ich wurde in aller Freundschaft von ihnen aufgenommen als das Kind einer geliebten verstorbenen Mutter. Meine Freunde hatten zwey Töchter — die älteste (wie ich einige Jahre hernach vernommen habe) ist oft von der Zeit ihrer Geburt an als eine künftige Frau für mich von ihrer und meiner Mutter betrachtet worden. Ich weiß sehr wohl, daß vertraute Freunde sich oft an solchen entfernten Aussichten für ihre Kinder zu vergnügen pflegen, und daß ihnen ihre Plane weit öfterer fehlschlagen als glücken. Ich will daher auch gar nicht behaupten, als wenn meine Mutter prophezeyet hätte, was sich zutragen würde, aber dennoch war etwas sehr merkwürdiges in der Art und Weise, wie es sich wirklich ereignete. Alle Gemeinschaft zwischen beyden Familien war schon lange aufgehoben worden, ich war im Begrif in ein fremdes und entferntes Land zu reisen, und ging nur so eben bey ihnen an, um einen eilfertigen Besuch abzustatten, und auch hieran würde ich nicht einmal gedacht haben, wenn es nicht durch eine Botschaft gekommen wäre,

wäre, die ich gerade in dem Zeitpunkte erhielt (denn ich war nicht ein einziges mahl vorher eingeladen worden.) So waren die Umstände in dem höchsten Grade unerwartet, und eben so außerordentlich war auch der Ausgang der Sache. Beynahe bey dem ersten Anblicke dieses Mädchens (denn sie war damals noch nicht vierzehn Jahr alt) bekam ich eine zärtliche Liebe zu ihr, die von der Stunde an keinen Augenblick in meinem Herzen wieder abnahm oder ihre Gewalt über mich verlor. In Absicht auf ihre Heftigkeit kam sie wirklich allem dem bey, was nur Romanschreiber sich eingebildet haben, und in Absicht auf ihre Dauer war sie unveränderlich *). Ich verlor sehr bald alles Gefühl für Religion, und wurde taub gegen die Warnungen des Gewißens und der Klugheit; aber meine Achtung für sie blieb immer die nemliche; und ich getraue mir wohl zu sagen, daß keine von den Auftritten des Elendes und der Gottlosigkeit, die ich hernach erlebte, sie je nur auf eine einzige Stunde zusammengenommen in den sieben folgenden Jahren aus meinen Gedanken, wenn ich nicht geschlafen habe, gänzlich verbannet hat.

Er.

*) Geneigter Leser! table den Mann nicht wegen dieser Liebesgeschichte, denn er erzählet sie ja nicht, als wenn er sich derselben berühmte; — und Jüngling hüte dich ihm hierin nachzuahmen! denn wahrlich es glückt nicht immer wie es dem Neuton glückte. Die Folgen und das Ende seiner so frühzeitigen Liebe könnten für dich traurig ausfallen. Präge daher lieber deinem Herzen die Ermahnung tief ein 2 Timoth. 2, 22. Fleuch die Lüste der Jugend!!

Erlauben Sie mir hochgeschätzter Herr, mich noch ein wenig bey diesem unerwarteten Vorfalle zu verweilen, und zu erwägen, was für einen Einfluß er auf mein künftiges Leben hatte, und in wie fern er zur Erreichung der Absichten dienlich war, die sich die göttliche Vorsehung in Ansehung meiner vorgesezt hatte und die zwiefach gewesen zu seyn scheinen; nemlich: das dadurch, daß ich für eine Zeit lang den Folgen meines eigenen Muthwillens überlaßen, hernach aber von einer höheren Hand auf den rechten Weg wieder zurückgeleitet würde, mein Beyspiel, so weit als es andern bekannt werden würde, denselben so wohl eine Warnung als auch eine Ermunterung werden mögte.

Zuförderst, würde kaum etwas anders als diese heftige und gebieterische Leidenschaft hinreichend gewesen seyn, mich wieder von dem finsteren melancholischen Wesen abzubringen, wozu ich mich gewöhnt hatte. Ich war beynahe ein Misanthrope (einer der Menschen scheu ist) geworden, ohnerachtet ich die Gemählde von Tugend und Menschenliebe, so wie sie von Lord Schaftesbury gezeichnet sind, sehr bewunderte; aber nun war mein Widerwille gegen ein geschäftiges Leben auf einmal überwunden, und ich war bereit es mogte seyn was es wolte zu werden oder zu thun, wenn es nur mir behülflich seyn konnte, daß ich einmal künftig meine Wünsche erfüllt bekäme.

Ferner, als ich hernach am Glauben, an der Hofnung und am Gewissen Schifbruch litte, war die

die Liebe zu dieser Person der einzig übrig bleibende Grundsatz, der einigermaßen ihre Stelle ersezen konnte; und die bloße Möglichkeit, sie noch einmal wieder zu sehen, war das einige noch vorhandene und wirksame Mittel, mich von den abscheulichsten Unternehmungen wider mich selbst und wider andere zurückzuhalten.

Allein die übele Wirkungen, die es denn auch bey mir hatte, überwogen diese Vortheile. Die zwischen Zeit, die insgemein die Zeit der Freyerey genannt wird, ist in der That ein angenehmer Theil des Lebens, wenn sich dabey eine wechselseitige zärtliche Zuneigung zu einander, die Beystimmung der Freunde, und eine vernünftige gegründete Aussicht zum künftigen Lebensunterhalte findet, und die ganze Sache auch auf eine vorsichtige Weise und mit Unterwerfung zu dem Willen und der Furcht Gottes behandelt wird. Wenn sich die Umstände so verhalten, denn ist es ein Seegen, der zärtlichen Triebe empfänglich zu seyn; aber wenn diese Eigenschaften fehlen, denn ist das, was wir Liebe nennen, an sich selbst die allerpeinlichste und in ihren Folgen die verderblichste Leidenschaft, die nur genennt werden mag. Und sie fehlten alle in dem Falle worin ich mich befand. Ich durfte es weder ihren Freunden, noch auch meinen eigenen, ja in der That für eine ziemliche Zeit lang nicht einmal ihr selbst es zu wißen thun, da ich gar keine Vorschläge machen konnte; es blieb wie ein dunkeles Feuer allein in meiner Brust verschloßen und verursachte mir beständige Unruhe. Dadurch, daß ich eine abgöttische

Achtung vor ein Geschöpf bey mir Eingang finden ließ, wurde mein Gefühl für die Religion sehr geschwächt und der Weg zu ungläubigen Grundsäzen noch mehr bey mir gebahnt, und wiewol sie große Dinge zu versprechen schien, als eine Anreizung zum Fleiß und zur Geschäftigkeit im Leben, so richtete sie doch in der That nichts aus. Ich machte oft in meinem Sinne allerhand fürtrefliche Plane, was ich wohl gerne wegen der, die ich liebte, thun oder leiden wolte, und doch, so lange ich ihren Umgang genießen konnte, war ich nicht im Stande mich von ihr weg zu zwingen, um die Gelegenheiten, die sich mir darboten, zu benuzen. Noch weniger konnte diese Liebe in Absicht auf die Verbeßerung meiner Sitten etwas ausrichten. Sie hielt mich nicht davon ab, mich in ein langes Gefolge von Ausschweifungen und Ueppigkeiten, die der ehrenvollen Ansprüche, die ich bey mir beschloßen hatte, ganz unwürdig waren, einzulaßen. Und obgleich mir durch die wunderbare Darzwischenkunft der göttlichen Güte, aus dem Labyrinthe meiner Thorheiten wieder herausgeholfen ist, und meine Wünsche endlich so gekrönt worden sind, daß ich dadurch nur zu reichlich für alle Leiden belohnt worden bin, so weiß ich doch gewiß, daß ich nicht die nemliche Reihe von Ungemach durchgehen mögte, wenn ich dadurch auch alle die Schäze beyder Indien erlangen könnte. Ich habe mich weitläuftiger über diesen Punkt ausgelaßen als ich zu thun willens war, da diese Papiere vielleicht nüzlich seyn mögen, um andere durch meine leidige Erfahrung dafür zu warnen, keine unbezwingbare Leidenschaft bey sich zu ernähren. Wie oft mag man

wohl

wohl von solchen steif und fest Verlobten sagen nach Hos. VIII, 7. Sie säen Wind und werden Ungewitter erndten.

Da nunmehr mein Herz auf einen besondern Gegenstand fest hingerichtet und ganz daran gefeßelt war, betrachtete ich eine jede Sache, die mich anging, in einem neuen Lichte. Ich überlegte bey mir selbst, wie es mir schlechterdings unmöglich seyn würde in einer solchen weiten Entfernung als Jamaica sey, und zwar für eine Zeit von vier bis fünf Jahren zu leben, und ich faßte daher den Endschluß, ich wolte nicht hinreisen, es mögte nun auch gehen wie es wolle. Es war mir nicht möglich weder meinen Vater von der wahren Ursache zu benachrichtigen, noch auch eine falsche zu erdichten, daher blieb ich, ohne ihm im geringsten etwas davon wißen zu laßen, warum ich es that, anstatt drey Tage drey Wochen zu Kent, bis ich glaubte (wie es sich auch wircklich zeigte) daß die Gelegenheit verloren und das Schif weggesegelt seyn würde. Alsdann kehrte ich nach Londen zurück. Ich hatte meinen Vater durch diesen Ungehorsam sehr unzufrieden über mich gemacht; allein er war doch leichter wieder ausgesöhnt, als ich es erwarten konnte. Bald hernach segelte ich mit einem seiner Freunde nach Venedig. Auf dieser Reise war ich der Gesellschaft und dem bösen Exempel der gemeinen Schifsleuten ausgesezt, mit denen ich gleichen Rang hatte. Da ich alle Tage bald mehr bald weniger Gelegenheit dazu hatte, so fing ich einmal an, von der Ehrbarkeit und Ordnung nachzulaßen, die ich einigermaßen mehr denn zwey

Jahre

Jahre lang beobachtet hatte. Ich wurde bisweilen von sehr kräftigen Ueberzeugungen und Gewissensbißen beunruhiget, allein ob ich gleich einige wenige schwache Versuche machte inne zu halten, so erholte ich mich doch niemals wieder von dieser Abweichung, wie ich verschiedenemal vorher gethan hatte. Ich wurde zwar für jezt noch nicht ganz lasterhaft; allein ich gieng doch mit schnellen Schritten auf einen völligen Abfall von Gott los. Der merkwürdigste (und so viel wie ich weiß auch der lezte) Verweiß und die kräftigste Erweckung, die ich erhielt, war in einem Traume, der einen sehr starken, wiewohl doch nicht bleibenden Eindruck auf mein Gemüth machte.

Die Betrachtung, an wen ich jezt schreibe, macht es unnöthig, sowohl mich in eine weitläufige Untersuchung über die Natur der Träume einzulaßen, als auch mich darüber zu entschuldigen, daß ich meinen eigenen erzähle. Diejenige, welche die heilige Schrift für göttlich annehmen, werden zugeben, daß es warnende und übernatürliche Träume, augenscheinliche Offenbahrungen vom Himmel gegeben haben, wodurch die Menschen auf zukünftige Begebenheiten, entweder aufmerksam gemacht oder sie ihnen vorher verkündiget wurden; Und diejenige, welche mit der Geschichte und Erfahrung des Volkes Gottes bekannt sind, wißen auch sehr wohl, daß solche Anzeigen in keinen von den folgenden Zeiten, bis auf die gegenwärtige hinzu, gänzlich den Menschen sind vorenthalten worden. Die Vernunft ist so weit entfernt dieser Behauptung
zu

zu widersprechen, daß sie vielmehr aufs stärkste für sie spricht, wenn die Sache von der Vernunft nur recht verstanden und gehörig untersucht wird. So daß ein neuerlicher berühmter Schriftsteller,*) der, so viel ich weiß, doch nicht allgemein der Schwärmerey beschuldigt wird, es zu beweisen unternimmt, daß die wunderbare Sache des Träumens unerklärlich sey, wenigstens unmöglich anders erklärt werden könne, als wenn man dabey die Wirkung und Vermittelung geistlicher Wesen, die uns unsichtbar sind, annehme. Ich möchte gerne die Ungläubige in dieser Absicht an ihn verweisen. Was mich anbetrift, kann ich ohne alles Bedenken sagen: Den Traum habe ich wirklich gehabt, und die Auslegung traf nicht weniger gewiß ein. Ich weiß gewiß, daß ich, so wie ich es gleich erzählen werde, träumte, und es bleibt mir aus dem, was ich seit der Zeit erfahren habe, kein Zweifel darüber übrig, daß der Traum eine ganz deutliche und gewisse Deutung auf meine eigene Umstände, auf die Gefahren, in welche ich im Begriff war mich hinein zu stürzen, und auf die unverdiente Errettung und Barmherzigkeit hatte, die der Herr mir gnädiglich zur Zeit meines Elendes erzeigen würde.

Ob ich gleich mehr als einmal eine Erzählung von diesem Traume schriftlich für andere aufgesetzt habe, so habe ich doch nie eine Abschrift davon für mich selbst aufbehalten; allein die Hauptereignisse sind so tief in mein Gedächtniß eingegraben, daß ich, wie

*) Baxter über die vis inertiae.

wie ich glaube, nicht leicht im Stande seyn werde, irgend einige beträchtliche Abweichungen zu machen, wenn ich noch so oft die Geschichte wiederhole. Der Schauplatz, der sich meiner Einbildungskraft darstellte, war der Haven von Venedig, wo ich erst vor kurzem gewesen war. Ich dachte, daß es Nacht sey, und daß ich die Wache auf dem Verdeck des Schiffes zu halten hätte, und daß, da ich ganz allein auf und abgieng, ein Mensch (ich erinnere mich nicht mehr woher) zu mir gekommen wäre und mir einen Ring gebracht hätte, mit dem ausdrücklichen Gebot, ihn sorgfältig zu bewahren, indem er mir versicherte, daß so lange als ich den Ring bewahren würde, ich glücklich seyn und es mir wohlgehen würde, daß ich aber auch, wenn ich ihn verlöhre oder wieder wegschenkte, nichts als Noth und Elend zu erwarten haben würde. Ich nahm das Geschenk und die Bedingungen mit aller Bereitwilligkeit an, indem ich ganz und gar nicht an meiner eigenen Sorgfalt ihn zu bewahren zweifelte, und ausserordentlich darüber vergnügt war, mein Glück in meiner eigenen Verwahrung zu haben. Ich war ganz von dieser Sache in meinen Gedanken eingenommen, als ein Zweyter zu mir kam, und als er den Ring an meinem Finger bemerkte, Gelegenheit nahm einige Fragen in Betreff desselben an mich zu thun. Ich erzählte ihm mit allem Vergnügen die vortrefliche Eigenschaften desselben und in seiner Antwort gab er mir seine Verwunderung über meine Schwachheit zu verstehen, daß ich solche Dinge von einem Ringe erwartete. Mir deucht, daß er eine ziemliche Zeit lang sich bemühete, mir die Unmöglichkeit der Sache

aus

aus der Vernunft darzuthun, und endlich gerade heraus ernstlich von mir begehrte, daß ich ihn wegwerfen solte. Anfänglich erschrack ich sehr über seinen Vorschlag, allein seine Vorstellungen und Bitten bewogen mich doch dazu. Ich fing an die Sache zu überlegen, ich zweifelte selbst und endlich nahm ich ihn vom Finger und ließ ihn auf der Seite des Schiffes ins Wasser hinunter fallen. Kaum hatte er das Wasser berührt, als ich in dem nemlichen Augenblicke ein fürchterliches Feuer aus einer Reihe von Bergen, (ein Theil von den Alpen) die sich in einiger Entfernung hinter der Stadt Venedig zeigten, ausbrechen sahe. Ich sahe die Berge in der nemlichen Entfernung als wenn ich gewacht hätte und alle waren in Flammen. Ich vermerkte meine Thorheit zu späte, und mein Versucher gab mir mit einer spöttischen Miene zu verstehen, daß alle Gnade, die Gott noch für mich aufbehalten hätte, in dem Ring begriffen wäre, den ich muthwillig weggeworfen hätte. Ich vernahm, daß ich mit ihm zu den brennenden Gebirgen hingehen müßte, und daß alle die Flammen, die ich sähe, um meinetwillen wären angesteckt worden. Ich zitterte und befand mich in sehr großer Angst; so daß es sehr zu verwundern war, daß ich da nicht erwachte; allein mein Traum währte fort, und da es völlig an dem war, daß ich mich gezwungen fand mit ihm wegzugehen, und, als einer der sich selbst verurtheilen müßte, ohne eine Entschuldigung vorbringen zu können und ohne Hofnung da stund; Siehe! da kam, ehe ich mir es versah, ein Dritter, oder der nemliche der mir zuerst den Ring gebracht hatte (welches ich nicht gewis weiß) zu mir, und fragte mich um die Ursache meiner großen Traurigkeit. Ich sagte ihm gerade heraus den ganzen Umstand, bekannte daß ich mich selbst muthwillig unglücklich gemacht hätte, und daß ich daher kein Mitleiden verdiente. Er verwieß mir meine Uebereilung, und fragte mich, ob ich in dem Fall, daß ich meinen Ring wieder hätte weiser seyn wollte? Ich konnte ihm kaum hierauf antworten; denn ich dachte, daß jetzt Reue und Besserung nichts mehr helfen könnte. Ich glaube in der That, daß ich auch nicht einmal so viel Zeit hatte ihm darauf zu antworten, da ich so gleich sahe, daß dieser unerwartete Freund sich in das Wasser hinunter ließ, gerade auf der Stelle, wo ich den Ring hatte fallen lassen, und denselben mit sich herauf brachte. In dem Augenblicke, da er auf das Schiff kam, waren die Flammen auf dem Gebirge ausgelöscht und mein Verführer verließ mich. Da ward die Beute von der Hand des Mächtigen errettet, und der rechtmäßig Gefangene losgelassen. Meine Besorgnisse hörten auf, und mit Freude und Dankbarkeit näherte ich mich meinem gütigen Erretter um den Ring wieder anzunehmen; aber er weigerte sich mir ihn wieder zu geben und sagte zu dem Ende: "Wenn Ihnen dieser Ring wieder aufs neue anvertrauet würde, würden Sie sich nur zu bald wieder in das nemliche Elend bringen; Sie sind nicht im Stande ihn zu verwahren; allein ich will ihn für Sie verwahren und ihn, wenn es nur immer nöthig seyn wird, zu Ihrem Besten aufweisen." — Hierauf erwachte ich in einem Gemüthszustande, den ich unmöglich beschreiben kann.

Ich

Ich konnte zwey oder drey Tage lang kaum essen, oder schlafen oder meine nothwendige Geschäfte verrichten; allein der Eindruck verschwand wieder nach und nach bey mir und in kurzer Zeit vergaß ich ihn gänzlich; und mir deucht, daß er mir auch kaum wieder in den Sinn kam, bis einige Jahre hernach. Es wird sich in dem Verfolg dieser meiner schriftlichen Erzählung ausweisen, daß eine Zeit kam, wo ich mich in Umständen fand, die sehr viele Aehnlichkeit hatten mit denen, die durch diesen ausserordentlichen Traum mir vor Augen gemahlt worden waren, da ich hülf- und hofnungslos am Rande einer schaudervollen Ewigkeit stand; und ich zweifle nicht daran, daß, wenn die Augen meines Gemüthes damals wären eröfnet worden, ich meinen großmächtigen Feind würde gesehen haben, der mich verführet hatte, muthwillig meinem Religionsbekentniße abzusagen es von mir wegzuwerfen, und mich in die abscheulichste Laster zu verwickeln; Ich sage, ich würde wahrscheinlich ihn gesehen haben, wie er an meinen Bekümmernißen und Angst ein Vergnügen hatte und nur auf Erlaubniß wartete meine Seele zu ergreifen und zum Ort der Quaal hin zu tragen. Ich würde vieleicht ebenfals jenen Jesum gesehen haben, den ich verfolget und verachtet hatte, wie er den Widersacher sich entfernen hieß, mich für sein Eigenthum erklärte, und mich, wie einen Brand, aus dem Feuer riß mit den Worten: "Laß ihn los, daß er nicht hintergehe in die Grube; denn ich habe ein Lösegeld gefunden." Inzwischen, ob ich gleich diese Dinge nicht sahe, fand ich doch die Wohlthat; Ich erlangte Barmherzigkeit. Der Herr nahm

nahm sich meiner am Tage der Noth an; und gelobet sey sein Name, daß er, der den Ring (oder was dadurch angedeutet wurde) wieder herbeyschaffte, sichs gefallen läßt ihn zu bewahren. O! welch ein unaussprechlicher Trost ist dieses für mich, daß ich mich nicht in meiner eigenen Verwahrung befinde. "Der Herr ist mein Hirte;" Ich bin in den Stand gesetzt worden, mein Alles seinen Händen anzuvertrauen, und ich weiß, an wen ich geglaubet habe. Satan begehret noch immer mich zu haben, daß er mich siften mögte wie den Waitzen; aber mein Heiland hat für mich gebeten, daß mein Glaube nicht aufhören mögte. Hier ist meine Sicherheit und Kraft; ein Bollwerk welches die Pforten der Hölle nicht überwältigen können. Wäre dieses nicht, so würde ich mehrmalen, ja oft (wenn es möglich wäre) mich seit meiner ersten Errettung ins Verderben gestürzet haben, ja! ich würde noch immer, nach allem dem das der Herr für mich gethan hat, straucheln, fallen und umkommen, wenn nicht seine Treue zu meinem Besten beschäftiget wäre und er meine Sonne und mein Schild bis zum Tode seyn wollte. — "Lobe den Herrn o! meine Seele!"

Sonst fiel in dem übrigen Theile jener Seereise nichts merkwürdiges vor. Ich kehrte nach Hause zurück im December 1743. und wiederholte bald darauf meinen Besuch zu Kent, wo ich mein Bleiben auf die nemliche unverständige Weise, wie ich es vorhin gethan hatte, ausdehnte, welches wiederum die Anschläge meines Vaters zu meinem Besten ver-

vereitelte, und ihn so wider mich aufbrachte, daß er mich beynahe nicht mehr für seinen Sohn erkennen wollte. Noch ehe sich irgend wieder etwas schickliches für mich zeigte, wurde ich von den Seesoldaten mit Gewalt angeworben (woran ganz und allein mein eigenes gedankenloses Betragen, worin ich mir immer gleich blieb, schuld war) und auf ein Recrutenschif gebracht; Es war gerade damals ein kritischer Zeitpunkt, indem die französische Schiffsflotte an unserer Küste kreuzete, so daß mein Vater gar nicht im Stande war meine Loslaßung zu bewerkstelligen. In Zeit von wenigen Tagen wurde ich am Bord des Schiffes Harwich, eines Kriegsschiffes an dem Store, geschickt. Hier trat ich auf eine ganz neue Schaubühne meines Lebens, und hatte ungefehr einen Monat lang viele Beschwerlichkeit zu erdulden. Mein Vater wollte es alsdenn gerne haben, daß ich bey der Schifsflotte bleiben solte, da man täglich erwartete, daß ein Krieg ausbrechen würde, und verschafte mir eine Empfehlung an den Capitain, der mich auf das oberste Verdeck als Cadet annahm. Ich hatte jetzt, was das äusserliche angehet, ein gutes Leben und hätte mir Achtung erwerben können, aber mein Sinn war zu flatterhaft und mein Betragen eben gar nicht sonderlich gut. Hier fand ich Gesellschafter, die die Zerrüttung meiner Grundsätze noch völlig beförderten; und ob ich es mir gleich angehen ließe von Tugend zu reden, und im äusserlichen noch nicht so ruchlos war, als ich hernach wurde, so hatte ich doch an der Gottlosigkeit einen Gefallen und in der Ausübung derselben schon eine ziemliche Fertigkeit

er-

erlangt; Mein erster und vertrautester Freund war ein Mensch von vorzüglich guten natürlichen Gaben und vieler Weltkenntniß; er war der größeste Meister von dem, was man Freydenkerey nennt, den ich nur je mich erinnern kann gefunden zu haben, und verstund seine Meinungen auf die allereinnehmendste Weise vorzutragen. — Sein Eifer gab auch seiner Geschicklichkeit hierin nichts nach; Er hätte sich in der Sache beynahe nicht mehr Mühe geben können, wenn er die Erwartung gehabt hätte, sich dadurch den Himmel zu verdienen. Erlauben Sie mir hier hinzuzusetzen, daß dieser Mensch, den ich als meinen Lehrmeister ehrte und dessen Grundsätze ich mir so begierig zu eigen machte; auf die nemliche Weise umkam auf der ich umzukommen erwartete. Es ist mir gesagt worden, daß er auf einer Seereise von Lissabon einen sehr heftigen Sturm erfuhr; das Schiff und die Leute kamen glücklich durch, aber eine große Welle des ungestümmen Meeres schlug herüber auf das Schiff und schwemmte ihn mit sich fort zur Ewigkeit. — So erhält oder straft der Herr nach seinem unumschränkten Wohlgefallen! — Allein um wieder auf das vorige zurückzukommen. — Ich hatte seine Gesellschaft überaus gerne, und da ich selbst eine kleine Wissenschaft von Büchern hatte, so war ich begierig genug ihm meine Belesenheit zu zeigen. — Er bemerkte sehr bald wie es sich mit mir verhielte, daß ich die Bande des Gewissens noch nicht gänzlich zerrissen hätte und schreckte mich deswegen nicht so gleich anfänglich durch allzuplumpe Entdeckungen seiner Absichten zurück; sondern sprach eher, wie mir deuchte, vortheilhaft von Religion; aber

aber nachdem er einmal mein Zutrauen gewonnen hatte, fing er an deutlicher zu reden, und da er meiner unwissenden Anhänglichkeit an die Charakteristicen gewahr ward, so vereinigte er sich mit mir das Buch durchzulesen, und überzeugte mich, daß ich es niemals verstanden hatte. Mit einem Worte, er setzte mir so mit Einwendungen und Beweisgründen zu, daß mein verderbtes Herz bald von ihm gewonnen ward, und ich ließ mich von ganzem Herzen in seinen Plan ein. So trug es sich zu, daß ich, als wie ein unvorsichtiger Schiffer der seinen Haven gerade alsdenn verläßt, wenn er sieht, daß ein Sturm sich erheben will, den Hofnungen und Tröstungen des Evangelii entsagte, geradezu zu der Zeit, da es an dem war, daß jeder andere Trost mir entrissen werden sollte.

Im December 1744. befand sich unser Schiff Harwich in den Dünen*), bestimmt nach Ostindien zu fahren. Der Capitain gab mir Erlaubniß auf einen Tag lang ans Land zu gehen; aber ohne die Vernunft zu Rathe zu ziehen, oder die Folgen, die es haben konnte, zu achten, nahm ich mir ein Pferd, und, indem ich den Eingebungen meiner rastlosen Leidenschaft blindlings folgte, reisete ich hin um von der, die ich liebte, den letzten Abschied zu nehmen. Ich hatte wenig Vergnügen und Ruhe in meinem Gemüthe bey dieser Zusammenkunft, indem ich wohl einsahe, daß ich recht geflissentlich mir

mei=

*) Zwischen den Sandhügeln oder Ufern am Meere.

meine Nöthen vervielfältigte. Die kurze Zeit, daß
ich da bleiben konnte, ging wie ein Traum vorüber,
und am Neuenjahrstage 1745. nahm ich Abschied
um wieder zum Schiffe zurückzukehren. Der Capitain ließ sich bewegen meine Abwesenheit zu ver-
zeihen, allein dieser unüberlegte Schritt (besonders
weil es nicht das erstemal war, daß ich mir eine
solche Freyheit herausgenommen hatte, misfiel ihm
in sehr hohem Grade und machte mich seiner Gunst
verlustig, die ich niemals wieder erhielt.

Endlich segelten wir von Spithead mit einer
sehr grossen Flotte. Wir liefen bey einer Veränderung des Windes in Torbay ein. Allein da wir
wieder günstigen Wind bekamen, segelten wir am
folgenden Tage wieder weg. Verschiedene unserer
Schiffe gingen verlohren, da sie jenen Ort zu verlassen versuchten; aber in der darauf folgenden
Nacht gerieth die ganze Flotte an der Küste von
Cornwall durch einen Sturm von Süden in die
grösseste Gefahr. Die Finsterniß der Nacht und die
Anzahl der Schiffe verursachten viele Verwirrung
und Schaden. Unser Schiff, ob es gleich verschiedenemal in augenscheinlicher Gefahr war an andere
Schiffe angerennt zu werden, kam doch unbeschä-
digt davon; aber viele litten sehr, besonders das
Schiff Admiral. Dies machte, daß wir uns zu-
rückbegaben nach Plymouth.

Während dem wir zu Plymouth lagen, vernahm ich, daß mein Vater, der auf einigen von
denen Schiffen, die neulich verlohren gegangen waren,

ren, einen Antheil gehabt hatte, nach Torbay
herunter gereiset sey. Er stund damals in Verbindung mit der africanischen Compagnie. Ich dachte,
wenn ich nur zu ihm kommen könnte, so würde es
ihm leicht seyn, mich in jenen Dienst einzuführen,
welches doch immer besser seyn würde, als eine lange
ungewisse Reise nach den Ostindien fortsetzen. Es war
in jenen unseligen Tagen ein Grundsatz bey mir,
niemals vernünftige Ueberlegungen anzustellen.
Kaum war mir der Gedanke eingefallen, so hatte
ich auch sogleich den Entschluß gefaßt das Schiff
zu verlassen, es mögte nun gehen wie es wollte. Ich
that es und zwar auf die allerverkehrteste Art, die
nur zu denken war. Ich wurde eines Tages in einem Boot ausgeschickt um Achtung zu geben, daß
keiner von den Leuten desertirte; aber ich war meinem
Amte ungetreu und ging selbst durch. Ich wußte
nicht welchen Weg ich nehmen sollte, und durfte doch
auch nicht fragen, aus Furcht, man mögte wider
mich Verdacht fassen; Inzwischen da ich denn doch
so obenhin einige Kenntniß vom Lande hatte, so errieth ich den rechten Weg, und da ich einige Meilen *) weit gereißt war, fand ich auf meine Nachfrage, daß ich mich auf der Landstraße nach Dartmouth befand. Alles ging an dem Tage gut von
statten; ich ging sehr geschwinde, und erwartete in
ungefähr zwey Stunden Zeit bey meinem Vater zu
seyn, als mir plözlich eine kleine Parthie Soldaten
begegnete; Ich konnte ihnen weder ausweichen,
noch

*) Englische Meilen, deren fünf auf eine Deutsche gehen.

noch auch sie betrügen. Sie brachten mich zurück nach Plymouth; Ich ging durch die Strassen wie ein Dieb von einer Wache begleitet. — Mein Herz war voll von Entrüstung, Schaam und Furcht. — Ich saß zwey Tage im Wachthause gefangen, alsdenn wurde ich an Bord meines Schiffes geschickt, eine Zeit lang an Ketten gelegt und alsdenn öffentlich ausgezogen und ausgepeitscht; hierauf wurde ich von meinem Amte heruntergesetzt, und allen meinen ehemaligen Gesellschaftern wurde verboten, mir nur die geringste Gefälligkeit zu erzeigen oder auch nur mit mir zu reden. — Als Cadet hatte ich einiges Recht zu befehlen gehabt, welches (da ich übermüthig und eitel genug dazu war) ich gar nicht saumselig gewesen war auszuüben. — Jetzt hatte sich das Blatt umgewendet, da ich bis zu den aller Gemeinsten heruntergesetzt worden und der Beschimpfung von allen ausgesetzt war.

So wie nun meine gegenwärtige Lage sehr unangenehm war, so waren meine Aussichten in die Zukunft noch schlimmer; es war nur zu viele Ursache vorhanden zu vermuthen, daß die Uebel, die ich zu erdulden hatte, von Tage zu Tage schwerer werden würden. So lange mein trauriges Schicksal noch etwas neues war, waren die Officiere und meine ehemalige Brüder noch so einigermaßen geneigt, mich vor übeler Begegnung zu beschützen; aber die kurze Zeit über, die ich nachher noch bey ihnen blieb, fand ich, daß sie sehr geschwinde in ihren Bemühungen mich in Schutz zu nehmen, erkalteten. In der That konnten sie gar nicht anders, ohne sich der größten
Ge-

Gefahr auszusetzen gleiches Schicksal mit mir zu erfahren; denn der Capitain, ob er gleich in der Hauptsache ein leutseliger Mann war, der sich sehr gütig gegen die Schifsgesellschaft betrug, war doch fast unversöhnlich in seiner Empfindlichkeit, wenn er einmal in einem hohen Grade war beleidiget worden und er zeigte sich so gegen mich bey verschiedenen Gelegenheiten; zudem war nicht anders zu erwarten, als daß die Reise (wie denn auch wirklich geschah.) fünf Jahre dauren würde. Jedoch war, deucht mir, nichts das ich fühlte oder befürchtete, welches mich so sehr geschmerzt hätte, als dieses, daß ich mich auf diese Weise mit aller Gewalt von dem Gegenstand meiner ganzen Liebe weggerissen sahe, und mich in der grössesten Unwahrscheinlichkeit befand, sie jemals wieder zu sehen und in noch grösserer Unwahrscheinlichkeit auf eine solche Weise von der Reise wieder zurückzukommen, wobey ich Hofnung haben würde, sie als die Meinige zu sehen. So war ich also von allen Seiten so übel daran, als man sichs nur vorstellen kann. In meiner Brust tobten marternde Leidenschaften, die heftigste Begierde, bittere Wuth und schröckliche Verzweifelung. — Jede Stunde setzte mich irgend einer neuen Beschimpfung oder Beschwerde aus, ohne daß ich irgend eine Hofnung zur Befreyung oder zur Linderung, und ohne daß ich einen Freund hatte, der sich meiner angenommen oder auf meine Klage geachtet hätte. Ich mogte in mein Inwendiges hineinschauen oder was ausser mir war ansehen, so konnte ich nirgends etwas anders als Finsterniß und Elend gewahr werden. So, wie mir deucht, kann
kein

kein Zustand, ausgenommen ein solcher wo das Gewissen durch den Zorn Gottes verwundet ist, schrecklicher seyn, als der Meinige war. Ich kann es mit Worten nicht beschreiben, mit welcher Sehnsucht und Betrübniß ich meine letzte Blicke auf das englische Ufer hinwarf; Ich hielt meine Augen fest darauf geheftet, bis, da sich das Schiff immer mehr davon entfernte, es allmählig unsichtbar ward, und da ich es nicht mehr sehen konnte, kam ich in die Versuchung mich ins Meer hinein zu stürzen, welches (nach den gottlosen Meinungen die ich angenommen hatte) allen meinen Trübsalen auf einmal ein Ende würde gemacht haben. Aber die geheime Hand Gottes hielt mich davon zurück. Helfen Sie mir, Hochgeschätzter Herr, Ihn für seine wunderbare Güte, die er dem unwürdigsten aller seiner Geschöpfe erzeiget hat, zu preisen.

Ich bin

Ihr

Januar 15. 1763.

ganz ergebenster Diener.

Vier-

Vierter Brief

Seereise nach Madeira. Begebung auf ein Guineisches Schiff, und Seereise nach Afrika.

Theuerster Herr!

Ob ich mir gleich Ihre Belehrungen, in Absicht auf die Art und Ausdehnung dieser meiner Erzählungen, ausgebeten hatte, so fing ich doch an zu schreiben noch ehe ich sie erhalten hatte, und hatte beynahe den fortgesetzten Bogen angefüllt, als Ihr Geneigtes vom 11ten mir zu Händen kam. Ich werde eine andere Gelegenheit finden Ihnen meine Erkentlichkeit zu bezeigen für Ihre gütige Versicherungen der Freundschaft, die mir so schätzbar sind, daß ich den Herrn bitte, daß Sie niemals Ursache haben mögen, sie zu bereuen oder wieder zurück zu nehmen. Jetzt werde ich mich nur blos auf dasjenige einschränken, was eine nähere Beziehung auf das Geschäft hat, das Sie mir aufgegeben haben. Ich werde Ihnen, mein Herr, darinn gehorsam seyn, daß ich die kleine Nebenumstände, an die Sie mich erinnert haben, mit berühre, und auch andere von der Art anführe, die ich, ohne ihre Anweisung, für gar zu geringfügig und für zu sehr mich nur selbst angehend würde gehalten haben, als daß sie einiger Erwähnung verdienten. Als ich die acht

Brie-

Briefe anfing, hatte ich mir eigentlich vorgenommen von mir selbst nichts mehr anzuführen, als nothwendig seyn mögte um die Wunder der göttlichen Vorsehung und Gnade in den Hauptwendungen meines Lebens zu erläutern; allein ich halte Ihr Urtheil für eine hinlängliche Berichtigung meinen Plan zu erweitern.

Unter andern verlangten Sie eine umständlichere Nachricht von der Beschaffenheit und dem Fortgange meiner Liebesgeschichte, wie man es zu nennen pflegt. Dieses war eine Hauptsache, worin es mir, wie ich dafür hielt, besonders zukäme kurz zu seyn; allein ich unterwerfe mich Ihnen, und eben hier scheint ein schicklicher Platz zu seyn dieselbige wieder vor die Hand zu nehmen, wenn ich Ihnen erzähle, wie es damit zur Zeit, da ich England verließ, stund. Damals, da sich meine Neigungen zuerst äusserten, waren wir von beyden Seiten noch so jung, daß niemand wie ich die Sache in einer ernsthaften Hinsicht betrachtete. Sie diente zu einem Theetisch-Gespräch unter unsern Freunden und man vermuthete gar nicht, daß etwas weiters daraus erfolgen würde. Allein hernach, da meine Leidenschaft bleibende Folgen zu haben schien, so daß sie in einer Zwischenzeit von zwey Jahren nicht im geringsten abgenommen hatte, und besonders da sie mich veranlaßte, ohne Rücksicht auf Klugheit und mein eigenes Wohl, oder auf die Absichten meines Vaters zu nehmen, zu handeln und da endlich auch ein Kaltsinn zwischen ihm und der Familie obwaltete, fingen ihre Eltern an sie als eine Sache
von

von Wichtigkeit zu betrachten. Als ich daher zum leztenmale von ihnen Abschied nahm, sagte mir ihre Mutter, indem sie zu gleicher Zeit mich ihrer zärtlichsten Liebe versicherte, so als wenn ich ihr eigenes Kind gewesen wäre, daß, ob gleich sie nichts dawider einzuwenden hätte, daß wir uns, wenn wir zu einem reiferen Alter würden gekommen seyn, weiter mit einander einließen, in der Voraussezung, daß es alsdenn auf eine kluge Weise geschehe und eine Wahrscheinlichkeit zu unserm weitern Fortkommen sich zeigte, sie dennoch so, wie sich die Sachen noch wirklich verhielten, sich für verpflichtet hielte dawider zu seyn; und sie verlangte deswegen, daß ich niemals daran denken mögte wieder an ihr Haus zu kommen, (es sey denn daß ihre Tochter nicht da wäre) bis dahin, daß ich es entweder so weit gebracht hätte, daß ich alle meine Ansprüche auf ihre Tochter gänzlich daran gegeben oder ihr versichern könnte, daß ich meines Vaters vollkommene Einwilligung hätte in der Sache fortzufahren. Es kam viel bey dieser Sache darauf an, wie sich Jgfr. M. — dabey bezeigte; Sie hatte eine schwere Rolle; allein ob gleich sie jung, munter, und in dergleichen Dingen ganz ungeübt war, so beobachtete sie doch glücklicherweise die Mittelstraße. Eine ausdrückliche Aufmunterung oder eine gänzliche Weigerung würden mit gleich schlimmen wiewohl verschiedenen Folgen begleitet gewesen seyn. Allein ohne daß es ihr viele Mühe und Ueberlegungen gekostet hätte, fand ich sie immer auf ihrer Huth; sie besaß Scharfsinn genug um zu sehen, daß sie eine unumschränkte Gewalt über mich hatte, und auch Klugheit genug um um sich dieses gehörig zu Nutze zu machen. Sie wollte meine Winke weder verstehen, noch auch mir Zeit und Gelegenheit laßen an eine deutliche Erklärung zu kommen. Sie hat mir seitdem gesagt, daß von der ersten Entdeckung meiner Zuneignng zu ihr an, und noch lange vorher, ehe der Gedanke daran ihr angenehm war, sie oft in ihrem Gemüthe eine ganz unerklärliche Gewisheit gehabt hätte, daß sie früher oder später die Meinige werden würde. So waren die Umstände bewandt, da wir von einander schieden.

Ich komme nun wieder auf meine Seereise zurück. Während unserer Fahrt nach Madeira, war ich der Raub der trübsinnigsten Gedanken. Obgleich ich alles, was mir begegnete, sehr wohl verdient hatte, und der Capitain hätte gerechtfertiget werden können, wenn er seine Empfindlichkeit noch viel weiter getrieben hätte, so gab mir dennoch mein Stolz zu der Zeit ein, daß ich in einem hohen Grade unrecht wäre behandelt worden, und dieses wirkte so viel auf mein gottloses Herz, daß ich wirklich Anschläge wider sein Leben faßte, und dieses war mit eine Ursache, die mich willig machte mein eigenes zu verlängern. Ich war bisweilen zwischen Beyden unschlüßig, indem ich es nicht für thunlich hielt beydes ins Werk zu richten. Der Herr hatte nunmehr dem Anscheine nach mich dem Gerichte der Verstockung übergeben; Ich war zu allem fähig. Ich hatte nicht die geringste Furcht Gottes vor meinen Augen, noch auch (so viel als ich mich zu erinnern weiß) das geringste Gefühl des Gewissens. Ich war so sehr von einem

Geiste

Geiste der Verblendung beseßen, daß ich meine eigene Lüge glaubte und es für ausgemacht gewiß hielt, daß ich nach dem Tode aufhören würde zu seyn. — Und dennoch erhielt mich der Herr! — Jezuweilen stellten sich so darzwischen einige nüchterne Ueberlegungen bey mir ein; Zur Zeit wenn ich den Tod dem Leben beynahe vorgezogen hätte, so wollte wohl einmal ein Strahl von Hofnung bey mir entstehen, (wiewohl wenig Wahrscheinlichkeit zu einer solchen Hofnung vorhanden war) daß ich noch einmal beßere Tage sehen würde, daß ich noch einmal wieder nach England zurückkehren und meine Wünsche gekrönt bekommen mögte, wenn ich mich nur nicht muthwillig selbst weggeworfen hätte. Mit einem Worte, meine Liebe zu Jgfr. N. — war jetzt die einzige Zurückhaltung, die mir noch übrig geblieben war; Ob ich gleich weder Gott fürchtete, noch auch Menschen achtete, so konnte ich es doch durchaus nicht ausstehen, daß sie schlecht von mir denken sollte, wenn ich todt wäre. So wie überhaupt sehr oft in den äußerlichen Angelegenheiten des Lebens die schwächste Mittel von der göttlichen Vorsehung gebraucht werden, um die größte Wirkungen, die gewöhnlicher Weise die Kraft jener weit übersteigen, hervorzubringen (so ist es wohl einmal zum Beyspiel eine Krankheit durch einen Schrecken gehoben worden), so fand ich es auch damals; dieser einzige Gedanke, der mich von tausend kleineren Uebeln nicht abgehalten hatte, diente zu meiner einzigen und stärksten Schutzwehre wider die größeste und fürchterlichste Versuchungen. Wie lange ich diesen Kampf würde ausgehalten haben, oder was, menschlich

lich davon zu reden, der Erfolg würde gewesen seyn, wenn ich in den Umständen würde geblieben seyn, kann ich nicht sagen; Aber der Herr an den ich wenig dachte, kannte meine Gefahr, und sorgte für meine Errettung.

Zweyerley hatte ich mir vorgenommen da ich noch zu Plymouth war, daß ich nemlich erstlich nicht nach Indien reisen wollte, und zum andern daß ich nach Guinea reisen wollte; und das war auch wirklich der Wille des Herrn in Betreff meiner; aber beydes sollte auf seine Weise und nicht auf meine eigene ausgeführet werden. Wir waren nunmehr eine zeitlang zu Madeira gewesen; das Geschäft der Flotte war zu Stande gebracht, und wir sollten am folgenden Tage wieder wegsegeln. An diesem merkwürdigen Morgen blieb ich lange im Bette liegen und hätte noch länger geschlafen, wenn nicht einer von den Unterlieutenants (ein alter Gesellschafter von mir) herunter ins Schiff gekommen wäre, und halb im Spaß halb im Ernst mir geheißen hätte aufzustehen; und als ich nicht gleich ihm darin seinen Willen that, schnitte er die Hängmatte oder das Bette, worin ich lag, herunter, wodurch ich genöthiget ward mich anzukleiden. Ich war sehr ärgerlich darüber, durfte es aber doch nicht ahnden. Ich sahe wenig ein, wie gut für mich seine eigensinnige Laune sey, und daß dieser Mensch, der bey dem was er that nichts zur Absicht hatte, der Abgesandte der göttlichen Vorsehung war. Ich sagte wenig, sondern ging auf das Verdeck, wo ich in dem Augenblick einen Menschen sah, der seine Kleider in ein Boot that und der mir sagte, daß er im

Be=

Begriffen uns zu verlaßen. Auf nähere Nachfrage, sagte man mir, daß zwey Leute von einem guineaischen Schiffe, das nahe bey uns lag, auf unser Schiffe den Harwich gekommen wären, und daß der Commodore (der gegenwärtige Ritter George Pocock) dem Capitain Befehl ertheilt hätte, ihm zwey andere an ihre Stelle zu schicken. Mein Herz brannte gleich in mir wie Feuer. — Ich bat, daß das Boot doch noch einige wenige Minuten lang mögte aufgehalten werden; Ich lief hin zu den Lieutenants und bat sie, daß sie sich doch mögten für mich bey dem Capitain verwenden, damit ich doch bey dieser Gelegenheit mögte entlaßen werden. Ob ich gleich sonst es bey diesen Offizieren ganz und gar nicht gut stehen hatte, und mich gegen sie alle, der Reihe nach, ganz unhöflich betragen hatte; so hatten sie doch mit mir in meinen Umständen Mitleiden, und waren jetzt bereit mir zu dienen. Der Capitain, der, da wir zu Plymouth waren, sich geweigert hatte mich auszuwechseln, obgleich der Admiral Medley darum bey ihm anstund, ließ sich jetzt ganz leicht dazu bewegen. Ich glaube, es war nicht viel mehr als eine halbe Stunde Zeit, von der Zeit an gerechnet, daß ich noch schlafend in meinem Bette lag, da ich mich schon losgelaßen und glücklich am Bord eines anderen Schiffes sah. Dieses war eine von den vielen critischen Wendungen der Schicksale meines Lebens, worin es dem Herrn gefiel, die deutlichste Spuren seiner Vorsehung und Fürsorge zu zeigen, indem er viele ganz unerwartete Umstände zusammenkommen ließ, oft in Zeit von einem Augenblicke. Diese plötzliche günstige Schickungen er-
eig-

eigneten sich verschiedene wiederholtemalen; davon eine jede mich in einen ganz neuen Lebensauftritt versetzte; und sie verzögerten sich gemeiniglich bis zu der letzten Minute, in der sie nur statt finden konnten.

Das Schiff, an dessen Bord ich gieng, war nach Sierra Leon und den angrenzenden Gegenden, die die windseitige Küste von Afrika genennt werden, bestimmt. Der Befehlshaber war, wie ich fand, mit meinem Vater bekannt. Er nahm mich sehr gütig auf, und gab mir sehr gute Versprechungen, daß er mir behülflich seyn wollte; und ich glaube, er würde mein Freund gewesen seyn; aber, ohne daß ich im geringsten meine vormalige Vergehungen und Nöthen zu meiner Beßerung mir zu Nutze gemacht hätte, setzte ich den nemlichen Lebenswandel fort, ja! wenn es möglich war, handelte ich noch schlimmer. Als ich mich an Bord des Harwich begab, obgleich schon da meine Grundsätze gänzlich verdorben waren, so war ich denn doch daselbst zu Anfang noch so einigermaßen sittsam und ernsthaft gewesen, und das Andenken hieran machte, daß ich mich hätte schämen müßen, wenn ich auf eine gar zu auffallende Art meine Lasterhaftigkeit hätte ausbrechen laßen, welches ich wohl sonst gerne mögte gethan haben. Aber jetzt, da ich unter ganz fremde Leute kam, da konnte ich ohne Verstellung erscheinen; und ich weiß mir es auch wirklich wohl zu erinnern, daß, während dem ich von dem einen Schiffe zum andern hinfuhr, dies mit eine Ursache war, weswegen ich mich über die Veränderung

rung freuete, und daß eine von meinen Ueberlegungen, die ich bey dieser Gelegenheit machte, die war: "daß ich nun so ausgelaßen seyn könnte wie ich nur wollte, ohne mich mäßigen zu brauchen;" und von dieser Zeit an war ich auch in der That überaus leichtfertig, so daß ich wenig oder gar nichts jenem lebendigen Gemälde eines fast unzuverbeßernden Zustandes nachgab, welches wir 2 Petr. 11, 14 finden: Haben Augen voll Ehebruchs, laßen ihnen die Sünde nicht wehren, locken an sich die leichtfertigen Seelen, haben ein Herz durchtrieben mit Geitz, verfluchte Leute. Ich sündigte nicht nur selbst mit aufgehabener Hand, sondern ich bemühete mich auch, andere bey jeder Gelegenheit zu versuchen und zu verführen; Ja! ich suchte sogar begierig Gelegenheit dazu, manchmal zu meinem eigenen größten Nachtheil und Schaden. Eine ganz natürliche Folge von diesem meinem Betragen war der Verlust der Gewogenheit meines neuen Capitains; Nicht als wenn er im geringsten religiös gewesen wäre, oder als wenn ihm meine Gottlosigkeit im geringsten weiter mißfallen hätte, als sein Wohl darunter litte; Allein ich wurde unachtsam und ungehorsam; ich gefiel ihm nicht, weil ich es gar nicht darauf anlegte ihm zu gefallen, und da er auch zugleich ein Mann von einer wunderlichen Gemüthsart war, so paßten wir uns um so viel weniger für einander. Ueberdem hatte ich ein wenig von dem unglücklichen Witze, der zu wenig mehr nutz ist, als daß er die Zahl der Leiden und der Feinde dessen, der ihn besitzt, vermehret; und auf eine gewisse eingebildete Beleidigung machte ich ein Lied, worin ich sein Schiff, seine Anschläge und seine Person lächerlich machte, und ich lehrte es sehr bald der ganzen Schiffsgesellschaft. Das war der schlechte Dank, womit ich seine Anerbietungen der Freundschaft und der Beschützung erwiederte. Ich hatte zwar darin keine Namen genannt, allein die Anspielung war ganz deutlich, und es war ihm weder die Absicht noch auch der Verfasser unbekannt. — Ich werde nichts mehr von diesem Theile meiner Geschichte anführen, mögte er vielmehr in ewige Vergessenheit begraben werden. Mögte ich aber doch nie aufhören von dem Ruhme der Gnade zu reden, die vergeben konnte, und des Blutes, welches solche Sünden wie die Meinige waren versöhnen konnte! Ja! der Mohr mag seine Haut wandlen und der Parder seine Flecken. — Da ich, der ich ein dienstwilliger Sklave eines jeden Uebels und mit einer Legion unreiner Geister besessen war, aufbehalten, errettet und verändert worden bin, um als ein ewiges Denkmahl seiner allmächtigen Gnade, und Kraft zu stehen.

So lebte ich ungefehr sechs Monate lang dahin, um welche Zeit man damit beschäftiget war, das Schiff zuzubereiten um die Küste zu verlaßen. Einige wenige Tage noch, ehe es wegsegelte, starb der Capitain. Ich hatte es nicht viel beßer bey seinem Gehülfen stehen, der jetzt auf seiner Stelle das Commando erhielt und er hatte mich bey einer gewissen Veranlaßung schon einmal übel behandelt. Ich betrachtete es als eine Sache auſſer Zweifel, daß er, wenn ich mit ihm nach Westindien ginge, mich

an

an Bord eines Kriegschiffes thun würde und dieses war mir, nach dem das ich schon erfahren hatte, schrecklicher als der Tod. Um diesem auszuweichen, entschloß ich mich in Afrika zu bleiben und ergötzte mich an vielen goldenen Träumen, daß ich hier eine Gelegenheit finden würde, mein Glück zu machen.

Es sind noch immer auf jenem Theile der Küste einige wenige weiße Menschen angesessen (und es befanden sich zu der Zeit, da ich zum erstenmale da war, ihrer noch viel mehrere) deren Geschäft es war, Sklaven u. d. gl. auf den Flüßen und in dem Lande das angrenzte aufzukaufen, und sie hernach wieder mit Nutzen an die Schiffe zu verkaufen. Einer von diesen, der zuerst in eben so dürftigen Umständen, wie die Meinige waren, in dies Land gekommen war, hatte sich ein ansehnliches Vermögen erworben; Er war erst vor kurzem in England gewesen, und kam jetzt wieder von da zurück in eben dem Schiffe worauf ich mich befand, wovon auch ein viertel Theil ihm eigen zugehörte. Sein Beyspiel erfüllte mich mit Hofnung, daß ich auf eine gleiche Weise glücklich werden mögte, und unter der Bedingung, daß ich in seinen Dienst gehen wollte, erhielte ich meine Loslaßung. Ich bediente mich nicht der Klugheit gewisse Bedingungen mit ihm zu machen, sondern traute seiner Großmuth alles Gute zu. Ich erhielt keine Bezahlung für die Zeit, die ich am Bord des Schiffes gewesen war, sondern eine Handschrift an die Eigenthümer desselben in England, die aber nie bezahlet wurde, weil dieselbige vor meiner Rückkehr dahin falliret hatten.

An dem Tage, an welchem das Schiff absegelte, landete ich auf der Insel von Benanoes, indem ich nicht viel mehr hatte als meine Kleider am Leibe, gerade als wenn ich einem Schiffbruche entronnen wäre. Ich bin

Theuerster Herr

Januar 17. 1765. Ihr u. s. w.

Fünfter Brief

Von denen in Afrika erduldeten Beschwerlichkeiten.

Hochgeschätzter Freund!

Es scheint eine wichtige Belehrung, die sich auch auf viele Fälle anwenden läßt, in folgenden Worten unsers lieben Herrn enthalten zu seyn: Meine Stunde ist noch nicht kommen. Die zwey folgende Jahre, von welchen ich Ihnen jetzt Nachricht zu geben habe, werden Ihnen nicht anders vorkommen können, als wie ein ganz leerer Zeitraum in einem sehr kurzen Leben; allein da die Gnadenstunde des Herrn noch nicht gekommen war, und ich aus Erfahrung eine noch tiefere Einsicht von dem schrecklichen Zustande des menschlichen Herzens, so lange

lange es sich selbst überlaßen ist, erlangen sollte, so habe ich seit der Zeit sehr oft Ursache gefunden, die Barmherzigkeit des Herrn darin zu bewundern, daß er mich in jene entfernte Gegenden hinverwiesen und mich beynahe von der menschlichen Gesellschaft ausschloß, gerade zu einer Zeit, da ich mit Unglück schwanger war, und gleich einem, der von einer Pestseuche angesteckt ist, fähig war, überall wo ich nur hinkam Vergiftung zu verbreiten. Hätten meine Schicksale eine andere Wendung genommen, wären mir meine Plane geglückt, und ich in England geblieben, so würde wohl wahrscheinlich meine betrübte Geschichte noch schlimmer ausgefallen seyn. In Absicht auf mich selbst hätte ich zwar nicht schlimmer seyn können, allein meine Gottlosigkeit hätte dann so mehr ihre eigene Freyheit gehabt, ich hätte daher andern sehr schädlich seyn, und unersetzliche Uebel häufen können. Allein der Herr versetzte mich sehr weislich dahin, wo ich wenig Unheil anrichten konnte. Die wenige, mit denen ich umzugehen hatte, waren nur zuviel mir selbst ähnlich, und ich wurde bald in solche verächtliche Umstände herabgesetzt, daß ich zu niedrig war, um irgend einigen Einfluß zu haben. Man flohe mich, und sahe eher mit Verachtung auf mich, als daß man mir nachgeahmet hätte; da waren nemlich nur wenige, so gar unter den Mohren (in dem ersten Jahre meines Auffenthaltes unter ihnen) die sich nicht für zu gut gehalten hätten, um mit mir zu reden. Ich war noch ein Auswurf, der in seinem Blute lag. Hesek. 16, 5. 6. und allem Ansehen nach hätte ich umkommen müßen! — Aber der
Herr

Herr sahe mich mit Barmherzigkeit an! — Er verstieß mich nicht zur Hölle, so wie ich es mit Recht verdient gehabt hätte; „Er gieng vielmehr vor mir über, da ich so in meinem Blute war, und sprach zu mir: Du sollst leben!" Allein die bestimmte Zeit zur Offenbahrung seiner Liebe, die Zeit da er alle meine Missethaten mit dem Rocke seiner Gerechtigkeit zudecken und mich zu den Vorrechten seiner Kinder zulaßen wollte, war noch nicht da, bis lange hernach; jedoch hieß er mich jetzt leben, und ich habe es blos seiner geheimen erhaltenden Macht zuzuschreiben, daß das, was ich in einem Theile dieser Zwischenzeit litte, mir weder mein Leben noch auch meine Vernunft und Sinne raubte. Inzwischen, da durch diese Leiden die Stärke meiner bösen Beyspiele und Neigungen verringert wurde, so habe ich Ursache, sie unter die Zahl der göttlichen Gnadenproben, die ich erfahren habe, zu zählen.

Es wird, wie mir deucht, nicht undienlich seyn, wenn ich hier in wenigen Zeilen meine eigentliche Geschichte verlaße, und Ihnen einen kurzen geographischen Abriß von dem Landesbezirk liefere, in dem ich jetzt eingeschloßen seyn mußte, besonders da ich oft Gelegenheit bekommen werde, mich auf Oerter zu beziehen, deren ich jetzt Erwähnung thun werde. Denn meine Handlungsgeschäfte trieb ich hernach, da mich der Herr beßere Tage erleben ließ, vornemlich an den nemlichen Oertern und mit den nemlichen Leuten, wo und von welchen ich im gleichen Range mit ihren niedrigsten Sklaven betrachtet worden war. Von Cape de Verd, der westlichsten Spitze von
Afrika,

Afrika, bis zu dem Capgebirge ist die ganze Küste voll von Flüßen; die vornehmste sind Gambia, Riogrande, Sierra Leon, und Scherbro. Von dem ersten, da er gut bekannt ist und ich nie da gewesen bin, habe ich nicht nöthig etwas zu sagen. Der Fluß Riogrande theilet sich (gleich dem Neostrome) in verschiedene Zweige nahe bey der See. An dem nördlichsten Theile desselben, Cacheo genannt, haben die Portugiesen eine Niederlaßung. Der südlichste Zweig, der unter dem Namen Ricnuna bekannt ist, ist oder war doch wenigstens damals die gewöhnliche Grenze der weissen Menschenhandlung nach Norden hin. Sierra Leon ist eine gebirgigte Halbinsel, unbewohnt und wie ich glaube auch unzugänglich wegen dem dicken Gehölze, ausgenommen jene Theile die nahe am Wasser liegen. Der Fluß ist groß und schiffbar. Von da aus, ungefehr zwölf Seemeilen Südost hinzu, befinden sich drey aneinander stoßende Inseln, welche die Benanoes genannt werden, ungefehr zwanzig englische Meilen im Umfange; diese waren ungefehr der Mittelpunkt des Sitzes der weissen Menschen. Sieben Seemeilen weiter auf dem nemlichen Wege, liegen die Plantanes, drey kleine Inseln, zwey Meilen vom festen Lande entfernt an der Spitze, die die eine Seite vom Scherbro bilden. Dieser Fluß ist eigentlicher ein Strom, der zwischen einer langen Insel läuft und den Zufluß verschiedener großen Flüße aufnimmt, " die noch nie von einem Dichter besungen worden sind" die sich aber weit tiefer meinem Gedächtniße eingeprägt haben, als der Po oder die Tyber. Der südlichste von denselben hat einen sehr besonderen Lauf, beynahe in einer geraden Linie mit der Küste; so daß, wenn man demselben sehr viele Seemeilen weit hinauf nachspürt, er einen selten über drey englische Meilen und manchmal nicht mehr denn eine halbe Meile weit von dem Seeufer führen wird. Ich weiß in der That nicht, ob nicht vielleicht alle diese Flüße Gemeinschaft mit einander und mit der See an vielen Orten haben mögen, welches ich nicht bemerket habe. Wenn Sie auf einer großen Landcharte ein wenig nachsehen, während dem Sie dieses lesen, werden Sie so im Allgemeinen eine Vorstellung von dem Lande haben wo ich war; denn obgleich die Landcharten sehr fehlerhaft sind, so sind doch die mehreste Plätze, die ich angeführt habe, und zwar in der nemlichen Ordnung wie ich sie angeführt habe, auf denselbigen angemerkt.

Mein neuer Herr hatte vormals nahe beym Capgebirge gewohnt, allein er hatte sich nun auf den Plantanes niedergelaßen, und zwar auf der größesten von den drey Inseln. Sie ist eine niedrige sandigte Insel ungefehr zwey Meilen im Umfange, und mit Palmbäumen beynahe überdeckt. Wir fingen gleich an ein Haus zu bauen und uns mit der Handlung abzugeben. Ich hatte nunmehr einiges Verlangen meine verlohrne Zeit wieder einzubringen, und Fleiß auf das, was ich vor mir hatte, zu verwenden; Er war auch ein Mann bey dem ich ziemlich gut hätte leben können, wenn er nicht bald wieder mich wäre eingenommen worden; aber er stand sehr unter der Leidung einer Mohrin, die bey ihm

als

als Frau lebte. Sie war in ihrem Vaterlande eine Person von einiger Wichtigkeit, und er hatte ihrem Vermögen seine erste Erhebung zu verdanken. Diese Frau war (ich weiß keine Ursache warum!) auf eine ganz seltsame Weise gleich von Anfang an mit Vorurtheilen wider mich eingenommen; und was dieses noch schlimmer für mich machte, war ein heftiger Anfall von einer Krankheit, die mir sehr bald zustieß, noch ehe ich Gelegenheit hatte zu zeigen, was ich in seinem Dienste thun könnte und wollte. Ich war krank, als er in einer Schaluppe nach Rionuna segelte und mich in ihren Händen zurück ließ. Anfänglich wurde ich etwas in Acht genommen; allein da ich nicht bald wieder beßer ward, so ward sie es müde, und vernachläßigte mich gänzlich. Es kostete mir bisweilen keine geringe Mühe, nur einen Trunk kaltes Wasser zu bekommen, da mir das Fieber eine brennende Hitze verursachte. Mein Bett war eine Matte, die über ein Brett oder eine Kiste ausgebreitet war und ein Holzkloß war mein Kopfkissen. Als mein Fieber mich verlaßen hatte und der Appetit sich wieder bey mir einstellte, hätte ich sehr gerne gegessen, aber es wurde mir nichts zu essen gegeben. Sie lebte selbst im Ueberfluß, aber ließ mir kaum so viel zukommen, als eben zur Unterhaltung meines Lebens nöthig war, ausgenommen bisweilen, wenn sie sich gerade in ihrer allerbesten Laune befand, schickte sie mir wohl einige Speisen auf ihrem eigenen Teller, nachdem sie abgespeist hatte; und dieses (so sehr war mein Stolz gedemüthiget) nahm ich mit solcher Dankbarkeit und Begierde an, wie der bedürftigste Bettler ein

Al-

Allmosen annimt. Einmal, weiß ich mir wohl zu erinnern, wurde ich gerufen, um diese hohe Gunst aus ihren eigenen Händen zu empfangen, allein da ich ungemein matt und schwach war, ließ ich den Teller fallen. Solche die in Ueberfluß leben, können sich kaum vorstellen, wie dieser Verlust mich schmerzte; aber sie besaß in der That die Grausamkeit über diesen meinen Fehlschlag zu lachen; und obgleich der Tisch mit Schüsseln bedeckt war, (denn sie lebte ziemlich auf europäische Weise) so weigerte sie sich doch, mir etwas mehr zu geben. Meine Noth ist zu Zeiten so groß gewesen, daß ich durch sie getrieben wurde des Nachts hinzugehen und Wurzeln in der Plantage auszureissen (ob ich gleich daben Gefahr lief, als ein Dieb gestraft zu werden) die ich auf der Stelle roh aß, aus Furcht endeckt zu werden. Die Wurzeln, von denen ich hier schreibe, sind eine sehr gesunde Nahrung, wenn sie gekocht oder gebraten sind, aber eben so wenig gut in Menge roh gegessen zu werden, als wie ein Erdapfel. Die Folge von dieser Kost, die ich, nach dem ersten Versuch, allemal erwartete, und die selten fehlte, war die nemliche, als wenn ich Tartar. emetic. zu mir genommen hätte; so daß ich oft eben so leer wieder zurückgekehret bin, als ich war, da ich hinging; indessen zwang mich doch die Noth den Versuch verschiedenemale zu wiederholen. Ich habe manchmal von ganz fremden Leuten einige Erquikkung bekommen, ja sogar von Sklaven die an Ketten geschloßen sind, die mir heimlich (denn sie durften es nicht so thun, daß sie gesehen wurden) von ihrer eigenen kleinen Portion, die sie täglich erhielten,

Spei=

Speisen gebracht haben. Nächst dem drückenden Mangel liegt nichts so schwer auf dem Gemüthe als Spott und Verachtung, und auch hievon wurde mir ein überflüßiges Maaß zu theil. Als ich ganz langsam am Wiedergenesen war, stattete wohl diese Frau bisweilen bey mir einen Besuch ab, aber sie kam nicht zu mir um mich zu bedauren oder mich zu erquicken sondern nur um meiner zu spotten. Sie war im Stande mich einen unnützen und faulen Menschen zu schelten und nöthigte mich zu gehen, wenn ich es dann kaum thun konnte, so stellte sie wohl ihre Aufwärter hin, um meine Bewegung nachzuäffen, in ihre Hände zu klatschen, zu lachen, mit Citronen nach mir zu werfen, ja, wenn es ihnen gefiel, mit Steinen zu werfen, (welches, wie ich meyne, zwey oder dreymal der Fall war) bekamen sie keinen Verweiß darüber; allein insgemein wurde ich, obgleich alle, die von ihrer Gunst abhingen, sich mit ihr vereinigen mußten mich zu mishandlen, dennoch, wenn sie aus den Augen war, von den geringsten ihrer Sklaven eher bemitleidet als verlacht. Endlich kam mein Herr von seiner Reise zurück, ich beklagte mich bey ihm wegen übeler Behandlung, allein er wollte mir nicht glauben, und da ich es in ihrer Gegenwart that, so bekam ich es deswegen um nichts beßer. Allein auf seiner zweyten Reise nahm er mich mit sich. Wir kamen eine zeitlang ziemlich gut mit einander zurechte, bis einer seiner Mitbrüder im Handel, den er auf dem Flusse antraf, ihm weis machte, daß ich untreu wäre und seine Waaren des Nachts, oder wenn er aus Land gegangen wäre, bestehle. Dieses

ses war beynahe das einzige Laster, dessen ich mit
Recht nicht beschuldiget werden konnte. Das einzige Ueberbleibsel einer guten Erziehung, dessen ich
mich rühmen konnte, war, was insgemein Ehrlich-
keit genennt wird, und in soweit als er mir seine
Sachen anvertrauet hatte, war ich mit denselben
immer ehrlich zu Werke gegangen. Ja! obgleich
meine große Noth es einigermaßen entschuldiget haben mögte, wenn ich ihm etwas entwandt hätte, so
dachte ich doch nicht ein einzigesmal daran, ihn nur
in der allergeringsten Sache zu betrügen. Inzwischen wurde doch die Beschuldigung geglaubt und
ich ohne Beweiß verurtheilet. Von dieser Zeit an
behandelte er mich gleichfalls sehr hart; So oft er
das Schiff verließ, wurde ich auf dem Verdeck ausgeschloßen, mit einem Nößel oder viertel Maaß
Reiß zu meiner täglichen Speisung; und wenn er
länger ausblieb, hatte ich bis zu seiner Wiederkunft
keine Erquickung. In der That, ich glaube, ich
würde beynahe Hungers gestorben seyn, wenn ich
nicht bisweilen Gelegenheit gehabt hätte Fische zu
fangen. Wenn für ihn selbst Hühner geschlachtet
wurden, so bekam ich selten von denselben irgend
etwas anders als nur die Eingeweide, um sie zur
Witterung an meinen Fischhacken zu thun; zur Zeit,
wenn wir, wie man zu sagen pflegt, stilles Wasser
hatten, das ist ungefehr zur Zeit der Abwechselung
der Ebbe und Fluth, wenn der Strom langsam
fließt, pflegte ich gemeiniglich zu fischen (denn zu
andern Zeiten ließ es sich gar nicht thun) und ich
war auch oft darin glücklich. Wenn ich einen Fisch
an meinem Hacken sahe, war meine Freude immer

so

so groß als die Freude bey einem andern seyn mag, wenn er einen Plan, der ihm am meisten am Herzen lag, glücklich ausgeführet hat. Ein solcher Fisch in aller Eil gebacken oder vielmehr halb verbrannt, ohne Brühe, Salz oder Brodt, diente mir zu einer leckeren Mahlzeit. Wenn ich keinen Fisch fieng, hätte ich gern, wenn ich gekonnt hätte, meinen Hunger bis zur nächsten Wiederkehr des stillen Wassers weggeschlafen, um es dann wieder zu versuchen. Nichtweniger hatte ich auch von der Unfreundlichkeit des Wetters und dem Mangel an Kleidern zu leiden. Die regnigte Jahrszeit kam jetzt heran; meine ganze Kleidung bestund in einem Hemde, einem paar weiten Schiffershosen, einem baumwollenen Schnupftuche statt einer Mütze und einem baumwollenen Tuche, ungefehr zwey englische Ellen lang, um den Mangel der oberen Bekleidung zu ersetzen, und auf diese Weise angekleidet bin ich zwanzig, dreyßig, ja wohl bey vierzig Stunden lang in einem fort, wenn mein Herr ans Land gegangen war, unaufhörlichem Regnen, welches mit sehr heftigen Sturmwinden begleitet war, ausgesetzt gewesen, ohne das geringste Obdach zu haben; Ich empfinde noch immer, bis auf diesen Tag, einige schwache Wiederholungen von jenen Schmerzen, die ich mir damals zuzog. Die entsetzliche Kälte und Näße, die ich auf der Reise, und zwar sobald nach meiner Wiedergenesung von einer langen Krankheit, ausstehen mußte, raubte mir ganz meine körperliche Stärke und Lebhaftigkeit; letztere wurde bald wieder hergestellt, aber die Folgen von dem ersteren sind mir

als

als ein nöthiges Andenken an den Dienst und Lohn der Sünde geblieben.

In ungefehr zwey Monaten Zeit kehrten wir wieder zurück und von da an brachte ich die übrige Zeit, die ich bey ihm blieb, vornemlich auf den Plantanes zu, und zwar auf die nemliche Art und Weise in Absicht des Essens und Trinkens und der sonstigen Behandlung, wie ich schon gemeldet habe. Mein stolzes Herz war jetzt sehr erniedriget, nicht zu einer heilsamen Bekehrung, nicht zu der Sprache des verlohrnen Sohnes, davon war ich noch weit entfernt; sondern meine Munterkeit hatte ganz nachgelaßen; ich hatte alle Entschlossenheit, und beynahe alle vernünftige Ueberlegung verlohren. Ich hatte die Heftigkeit nicht mehr die mich anfeuerte, als ich noch am Bord des Schiffes Harwich mich befand und die mich zu den allerverzweifelsten Unternehmungen fähig machte, aber ich war nicht weiter verändert, als ein Tyger, der durch Hunger zahm gemacht ist. — Man hebe die Ursache seines zahm seyns auf, und er wird wieder so wild wie jemals seyn.

Eine Sache kann ich nicht umhin noch anzuführen, die so seltsam sie auch immer scheinen mag, doch wirklich wahr ist. Ob ich nemlich gleich Mangel an Speise und Kleidung hatte, und mich so sehr im Drucke befand, daß meine Unglückseligkeit gewiß mehr wie gemein war, so konnte ich doch bisweilen mein Gemüth sammlen, um mich mathematischen Studien zu widmen. Ich hatte mir Barrow's row's Euclid zu Plymouth gekauft; es war das einzige Buch, das ich aus Land gebracht hatte. Ich führte es immer bey mir, pflegte es nach entlegenen Ecken der Insel zur Seeseite hin, mitzunehmen, und meine Diagramata *) mit einem langen Stock auf den Sand hinzuzeichnen. Auf diese Weise vertrieb ich mir oft die Sorgen und vergaß darüber beynahe meine Gefühle — und so habe ich, ohne irgend eine andere Hülfe mich ziemlichermaßen Meister von den ersten sechs Bänden des Euclids gemacht. Ich bin mit bewußter Hochachtung

Januar 17. 1763.
Ihr u. s. w.

Sechster Brief
Weitere Fortsetzung über den Aufenthalt in Afrika, und was sich während demselben dabey zutrug.

Hochgeschätzter Freund!

Es leuchtet viele Frömmigkeit und Erkenntlichkeit aus dem dankbaren Geständnisse Jacobs hervor, 1 Mos. 32, 10. Ich hatte nicht mehr denn diesen Stab, da ich über diesen Jordan gieng; und nun bin ich zwey Heere worden. Dieses sind Worte,

*) Mathematische Abrisse oder Figuren.
     Anmerk. des Uebers.

die mich billig auf eine besondere Weise rühren sollten. Ich erinnere mich, daß ich an einigen von jenen traurigen Tagen, wovon ich in meinem letzten Briefe erzählt habe, beschäftiget war einige Lemonien- oder Citronenbäume zu pflanzen. Die Pflanzen die ich in die Erde setzte, waren nicht länger als ein junger Stachelbeerstrauch. Mein Herr und seine Frau, die an dem Orte vorbey kamen, blieben eine Zeitlang stehen um mir zuzusehen; endlich sagte er: „Wer weiß — wer weiß, ob nicht bis dahin, daß diese Bäume aufgewachsen sind und Früchte tragen, Ihr wieder nach England heimgehen, das Commando eines Schiffes erhalten und wieder zurückkommen möget, um die Früchte eurer Arbeiten einzuärndten. Wir sehen, daß sich in der Welt bisweilen wunderliche Dinge ereignen." Dieses sollte, so wie er es meynte, eine beissende Spottrede seyn. Ich glaube, er hielte es eben so wenig für wahrscheinlich, als daß ich es erleben würde, König von Polen zu werden; dennoch aber wieß es sich als eine Prophezeyung aus, und sie erlebten es, oder doch der eine von ihnen wenigstens erlebte es, daß er mich von England in der Eigenschaft der er erwähnt hatte, zurückkommen, und von den nemlichen Bäumen einige der ersten Citronen abpflücken sahe. Wie kann ich in meiner Erzählung weiter fortfahren, bis ich der göttlichen Güte ein Denkmahl errichtet habe, dadurch, daß ich die Umstände in welche mich der Herr seit der Zeit gesetzt hat, mit denen, in welchen ich mich damals befand, vergleiche? Hätten Sie, mein Hochzuverehrender Freund! mich damals gesehen, wie ich so tief-

tiefsinnig und einsam in der todtenstillen Nacht hinging, um auf den Meerklippen mein einziges Hemd
zu waschen und wie ich es hernach naß anthat, damit es mir am Leibe, während ich schliefe, trocken
werden mögte. Hätten Sie mich in meiner damaligen so armseligen Gestalt gesehen, daß ich, wenn
ein Schiffsboot an die Insel kam, mich oft genöthiget sahe im Gehölze mich zu verbergen, damit ich
von den Fremden nicht gesehen werden mögte. Hätten Sie insbesondere auch gewußt, daß es um mein
Betragen, um meine Grundsätze und mein Herz
noch trauriger aussah, als um meinen äusserlichen
Zustand —— Wie wenig würden Sie sichs haben
vorstellen können, daß ich als einer, auf den sich so
vollkommen der Ausdruck des Apostels paßte, Tit.
3, 3. στυγητοι και μισουντες. häßlich und sich unter
einander hassend, zu einem merkwürdigen Exempel
der besondern Fürsorge und des Reichthums der Güte
Gottes aufbewahret werden würde? Es fand sich
zu der Zeit nur ein ernstliches Verlangen in meinem
Herzen, das weder der Religion noch auch der Vernunft zuwider und anstößig war; dieses einzige Verlangen vergönnte mir der Herr gnädiglich, obgleich
mein leichtsinniges und ausgelassenes Leben, das ich
führte, mich vorzüglich unwerth machte, darin glücklich zu seyn, und obgleich auch tausend Schwierigkeiten es sogar ganz unmöglich zu machen schienen.
Allein diese Gunst, so groß und so unschätzbar sie
auch war, war doch nur eine Kleinigkeit, wenn sie
mit den Segnungen seiner Gnade verglichen wird.
Er fristete mir das Leben, um mir „die Erkenntniß seiner selbst in der Person Jesu Christi" zu

geben;

geben; aus Liebe zu meiner Seele errettete er mich von dem Abgrund des Verderbens und warf alle meine gehäufte Sünden hinter sich. Er leitete meine Füße auf den Wegen des Friedens. — — Dies ist in der That wohl die Hauptsache, aber es ist doch noch nicht alles, was er an mir gethan hat. Da er mich Ihm selbst angenehm machte in dem Geliebten, gab er mir auch Gnade in den Augen der Menschen. Er erweckte mir neue Freunde, beschützte und leitete mich durch eine lange Reihe von Gefahren, und krönte jeden Tag mit wiederholten Gnadenbezeugungen. Ihm habe ich es zu verdanken, daß ich noch bis jetzt am Leben bin, und daß ich mich nicht noch immer im Hunger und Durste, Blöße und dem Mangel aller andern Dinge dieses Lebens befinde; in den Zustand hatte ich mich selbst gebracht, aber Er war es, der mich daraus errettete. Er hat mir eine ruhige Lebensart, einige lebendige Erkenntniß von seinem Evangelio, eine weitläufige Bekanntschaft unter seinem Volke und eine Freundschaft und Correspondenz mit verschiedenen seiner meist begnadigten Knechten gegeben. — — Allein es ist eben so schwer alle die Vortheile, die ich gegenwärtig genieße, herzuerzählen, als es ist die Uebel und die elende Umstände, mit denen ich ehemals zu kämpfen hatte, vollständig zu beschreiben.

Ich weiß nicht genau, wie lange jene Umstände so bey mir fortwährten, aber ich glaube beynahe ein Jahr lang. Zwischen dieser Zeit schrieb ich zwey oder dreymal an meinen Vater; ich gab ihm Nachricht von meinen Umständen und bat ihn um seinen

Bey=

Beyſtand, zeigte ihm zugleich an, daß ich mich entſchloſſen hätte nicht wieder nach England zurückzukehren, es ſey denn, daß es ihm gefiele mich abholen zu laſſen. Ich beſitze auch noch Briefe, die ich in dieſem greulichen Zeitabſchnitte meines Lebens an Jgfr...... ſchrieb; ſo daß es ſcheint, daß, da die Ebbe am niedrigſten war, ich doch noch immer einige Hoffnung bey mir behielte ſie wieder zu ſehen. Mein Vater wandte ſich an ſeinen Freund zu Liverpoole, von dem ich ſchon vorhin geſchrieben habe, der dem zufolge einem ſeiner Schiffskapitaine, der damals ſich zur Abfahrt nach Gambia und Sierra Leon fertig machte, den Auftrag dazu ertheilte.

Zu einer Zeit im Jahre, die ich mir, wie ich ſchon geſagt habe, nicht mehr ſo ganz genau zu erinnern weiß, erhielt ich meines Herrn Einwilligung, zu einem andern Handelsherrn hinzuziehen, der auf der nemlichen Inſel wohnte. Ohne ſeine Einwilligung konnte dieſer mich nicht annehmen, und jener wollte nicht eher ſeine Einwilligung dazu geben; aber jetzt wurde er denn doch dahin gebracht, daß er es that. Dieſes war eine Veränderung, die ſehr zu meinem Vortheile gereichte; ich wurde bald auf eine wohlanſtändige Weiſe gekleidet, lebte im Ueberfluß, ward als ein Geſellſchafter betrachtet und mir die Sorge für alle ſeine zum Hauſe gehörige Güter und Waaren, die zuſammen einige tauſend Pfund Sterling an Werth ausmachten, anvertrauet. Dieſer Mann hatte mehrere Fabriken und weiße Diener an verſchiedenen Plätzen, und beſonders auch eine zu Kittam, an dem Fluße, deſſen ich ſchon Erwähnung

nung gethan habe, der immerfort unweit der Seeküste hinfließet. Es währte nicht lange, bis ich beordert wurde dahin zu gehen, wo ich in Verbindung mit einem andern von seinen Dienern einen Antheil an der Verwaltung der Geschäfte hatte; wir lebten wie wir wollten, unsere Geschäfte gingen glücklich von statten, und unser Herr, für den wir die Geschäfte betrieben, war ganz mit uns zufrieden. Hier fing ich nun an, einfältig genug! mich für glücklich zu halten. Man bedienet sich häufig in jenen Gegenden eines vielbedeutenden Ausdrucks, da man nemlich von einem solchen weißen Menschen sagt, daß er schwarz geworden sey. Dieser Ausdruck soll nicht sowohl eine Veränderung der Farbe und Aussicht, als vielmehr eine Veränderung der Neigung anzeigen. Ich habe verschiedene gekannt, die sich in Afrika niedergelassen und wenn sie einmal ein Alter von dreyßig oder vierzig Jahren erreicht hatten, zu dieser Zeit ihres Lebens allmählig die Gesinnungen, Gewohnheiten und Ceremonien der Eingebohrnen so sehr angenommen hatten, daß sie jenes Land sogar England vorzogen; sie sind sogar abergläubische Anhänger aller der vermeintlichen Bezauberungen, Schwarzkünsteleyen, Amuleten und Wahrsagereyen der blinden Neger geworden, und haben mehr auf solche Dinge gehalten, als wie die Weisere unter den Eingebohrnen selbst. Wirklich fing schon diese ansteckende Seuche auf mich zu wirken an (wer weiß, ob ich nicht mit der Zeit mich zu dem ganzen Wesen angeschickt haben mögte.) Ich ließ mich in genauern Umgang mit den Bewohnern dieser Gegend ein, und würde als ein elender Mensch unter ihnen gelebt

lebt haben und gestorben seyn, wenn der Herr nicht zu
meinem Wohl über mich gewacht hätte. Nicht als
wenn ich jene Vorstellungen, die mein Herz hauptsächlich für England einnahmen, verloren gehabt
hätte, sondern der Zweifel, daß ich sie jemals erfüllt
sehen würde, machten mich willig und geneigt zu
bleiben wo ich war. Mir deuchte, ich könnte in
dieser Gegend viel leichter, als wenn ich meiner
Heimath näher wäre, den Fehlschlag meines Wun-
sches ertragen. Allein kaum hatte ich meine Ver-
bindungen und Plane in dieser Absicht festgesetzt,
als der Herr nach seiner gütigen Vorsehung sich ins
Mittel legte, um sie zu nichte zu machen und mich
wider meinen eigenen Willen vom Verderben zu
erretten.

Inzwischen kam das Schiff, welches den Auftrag hatte mich nach Hause zu bringen, zu Sierra
Leon an. Der Capitain that daselbst und auf den
Bonanas Nachfrage nach mir; aber da er vernahm, daß ich mich in einer weiten Entfernung im
Lande befinde, so dachte er nicht mehr an mich.
Ohne Zweifel regierte es die Hand Gottes, daß ich
mich gerade zu dieser Zeit zu Kittam aufhielt; denn
da das Schiff nicht näher als zu den Bonanas kam,
und sich nur wenige Tage daselbst verweilte, so würde ich vermuthlich, wenn ich noch auf den Plantanes gewesen wäre, nichts von demselben haben erfahren können, als bis es wieder wäre weggesegelt
gewesen. Das nemliche hätte sich auch zutragen
müßen, wenn ich nach irgend einer andern Fabri-
que wäre hingeschickt worden, deren mein neuer
Herr mehrere an verschiedenen Flüßen hatte. Allein
ob-

obgleich der Ort, wo ich jetzt wohnte, weit den Fluß hinauf lag noch viel mehr denn hundert Meilen von den Plantanes entfernt, so befand ich mich doch wegen der besonderen Lage, die ich schon angemerkt habe, noch immer nur ungefehr eine Meile weit von der Seeküste. Was die Vermittelung der göttlichen Vorsehung noch merkwürdiger macht, ist, daß ich gerade zu der Zeit im Begriff war, auf Handlung an einen Ort, der in einiger Entfernung von der See abgelegen war, hinzugehen, und einen Tag oder zwey früher die Reise würde angetreten haben, wenn wir nicht noch auf einige wenige Artikel von dem nächsten Schiffe, das sich uns zeigen würde, um die Sortimenter der Waaren, die ich mitnehmen sollte, vollständig zu machen, gewartet hätten. Wir pflegten bisweilen an das Ufer des Meeres hinzugehen, in Erwartung, daß wir vielleicht ein Schiff mögten vorbey kommen sehen; allein dieses war etwas sehr ungewißes, da zu der Zeit der Ort ganz und gar nicht von Schiffen, der Handlung wegen, pflegte besucht zu werden. Viele fuhren in der Nacht vorbey, andere blieben in einer beträchtlichen Entfernung vom Lande. Mit einem Worte, ich weiß in der That nicht, daß nur eines die ganze Zeit über, als ich da war, Halt gemacht hätte, obgleich einige es vorher gethan hatten, wenn man ihnen ein Zeichen dazu vom Lande aus gegeben hatte. Im Februar 1747 (ich weiß nicht ganz genau mehr den Tag anzugeben) sahe mein Mitbedienter, als er des Vormittags an das Gestade des Meeres hinspazierte, ein Schiff vorbey segeln und machte sogleich einen Rauch, als

ein

ein Zeichen, daß man sich gerne mit demselben wollte in Handlung einlaßen. Das Schiff war schon ein wenig jenseit des Ortes, und da der Wind günstig war, so stund der Capitain noch in einigem Bedenken ob er halten sollte oder nicht; inzwischen wäre mein Camerad nur um eine halbe Stunde später gekommen, so würde es so weit weg gewesen seyn, daß es nicht mehr möglich gewesen wäre es wieder zurück zu rufen; aber nun währte es nicht lange bis er das Schiff ankern sahe, er fuhr darauf gleich nach demselben in einem Canon oder indianischen Boote hin, und da traf es sich nun gerade, daß es wirklich das Schiff war, dessen ich schon Erwähnung gethan habe. Eine der ersten Fragen, die an ihn gethan wurden, betraf mich, und sobald der Capitain vernahm, daß ich so nahe war, kam er aus land um seinen Auftrag auszurichten. Wäre eine Einladung von Hause an mich gekommen, da ich mich noch auf den Plantanes befand, wie ich krank war, und beynahe Hungers gestorben wäre, ich würde sie wie eine Errettung vom Tode angenommen haben; aber nun hörte ich sie, aus den schon angeführten Ursachen, anfänglich mit Gleichgültigkeit an. Der Capitain, der mich jetzt, da er mich endlich einmal ausgefunden hatte, doch nicht gerne zurück laßen wollte, band mir ein Mährchen auf, das er nach allen Theilen selbst erdichtet hatte; Er erzählte mir auf eine sehr glaubwürdige Weise, wie er ein groß Paquet von Briefen und Papieren vermißte, welches er hätte mitbringen sollen; aber so viel wüßte er gewiß, sagte er, indem er es sowohl von meinem Vater selbst als auch von dem Herrn

in

in deſſen Geſchäften er reiſe gehört hätte, daß einer, der erſt kürzlich geſtorben wäre, mir jährlich 400 Pfund Sterling vermacht hätte, er fügte noch hinzu, daß, wenn ich etwa mich auf irgend eine Weiſe in Umſtänden befände, die mich hinderten mit ihm zu gehen, er den ausdrücklichen Auftrag hätte, das Nöthige für mich zu bezahlen, und wenn ihm auch die Hälfte ſeiner Schiffsladung dazu gehen ſollte. Es war an ſeiner ganzen Erzählung nicht das Geringſte wahr, und ich konnte auch ſelbſt das, was er mir von dem Vermächtniß ſagte, nicht glauben; allein da ich etwas von einem alten Anverwandten zu hoffen hatte, ſo dachte ich, es könnte doch wohl eine Nachricht zum Theil wahr ſeyn. Inzwiſchen blieb ich denn doch nicht lange im Zweifel was ich thun ſollte; denn, obgleich die Sorgfalt meines Vaters für mich und ſein Verlangen mich zu ſehen bey mir nur zu wenig Gewicht hatte, und nicht würde hinlänglich geweſen ſeyn, mich zu bewegen, meinen Zufluchtsort zu verlaßen, ſo hatte doch bey mir das Andenken an Jgfr. —, die Hofnung ſie zu ſehen und die Möglichkeit, daß, wenn ich mir dieſe Gelegenheit, die ſich mir darböte, zu Nuße machte, mir dadurch doch vieleicht noch einmal der Weg gebahnt werden könnte, mich um ihre Hand zu bewerben, das Uebergewicht über alle andere Ueberlegungen. Der Capitain verſprach mir ferner, (und hierin hielt er auch ſein Wort) daß ich bey ihm in ſeiner Cajüte logieren, an ſeinem Tiſche ſpeiſen und ſein beſtändiger Geſellſchafter ſeyn ſollte, ohne von mir irgend einige Dienſte zu erwarten. So ward ich denn nun alſo auf einmal aus einer

Ge-

Gefangenschaft, die ungefehr fünfzehn Monate lang gedauert hatte, erlöset. Ich hatte eine Stunde vorher, ehe sich diese Veränderung zutrug, keinen Gedanken daran und eben so wenig ein Verlangen darnach. Ich schiffte mich mit ihm ein, und in wenigen Stunden Zeit verlohr ich Kittam aus dem Gesicht.

Wie sehr ist doch die Blindheit derer zu bedauern, die in Begebenheiten von dieser Art nichts als Zufall sehen können! so blind und unvernünftig war ich zu der Zeit. Ich dachte weiter gar nicht über die Sache nach. Ich suchte keine Leitung in dem, das sich zugetragen hatte. Gleich einer Meereswelle, die vom Winde getrieben und hin und her geworfen wird, ward ich durch den blos gegenwärtigen Anschein der Sachen gelenket und sahe nicht weiter hinaus. Aber Er, der den Blinden ihr Gesicht ist, leitete mich indessen auf einem Wege, den ich nicht kannte.

Nunmehr da ich einigermaßen erleuchtet bin, kann ich leicht erkennen, daß gerade in der Fügung und dem Zusammenflusse dieser anscheinend zufälligen Umstände, die alles regierende Macht und Weisheit Gottes in den menschlichen Angelegenheiten am allerdeutlichsten sich zeiget. Wie viele solcher ungefehren Begebenheiten können wir in der Geschichte Josephs bemerken, davon eine jede einen nothwendigen Einfluß in seine erfolgte Beförderung hatte? Wenn er nicht einen Traum gehabt, oder wenn er nicht seinen Traum erzählet hätte; — wenn die Midianiter ei=

einen Tag früher oder einen Tag später vorbey gereist wären; wenn sie ihn an irgend jemand anders als den Potiphar verkauft hätten; wenn die Gemahlin seines Herrn eine beßere Frau gewesen wäre; Wenn die Bediente des Pharao sich nicht an ihm ihren Herrn versündiget hätten; wenn alle diese Dinge oder irgend eins davon, auf eine andere Weise oder zu einer anderen Zeit als wirklich geschah, sich ereignet hätte, so würde alles was darauf folgte dadurch verhindert worden seyn; die Vorsätze und Verheissungen Gottes in Absicht auf das israelitische Volk, ihre Sklaverey, ihre Befreyungen, ihre bürgerliche Einrichtungen und Niederlaßungen hätten wegfallen müßen; und da alle diese Dinge auf Christum hinzielten und auf ihn wie auf einem Mittelpunkt zusammenliefen; so würde auch der verheißene Heyland, das Verlangen aller Völker nicht erschienen seyn; das menschliche Geschlecht würde sich noch in seinen Sünden ohne Hofnung befinden und die Rathschlüße der ewigen Liebe Gottes zum Besten der Sünder würden aufgehoben worden seyn. Auf diese Weise können wir einen Zusammenhang, zwischen dem ersten Traume Josephs und dem Tode unseres Herrn Jesu Christi nebst allen seinen herrlichen Folgen, sehen. So stark, obgleich verborgen, ist die Zusammenkettung zwischen den größten und den kleinsten Ereignißen. Welch ein beruhigender Gedanke ist dieses einem Gläubigen, daß er weiß, daß, bey allen den entgegenstehenden Absichten der Menschen, der Herr eine beständige Absicht habe die er nicht verfehlen kann, und auch nicht verfehlen will, nemlich seine eigene Ehre in

der

der vollkommenen Beseligung seines Volkes; und daß er auch weise, mächtig und treu sey, sogar diejenige Dinge, die dieser seiner Absicht zuwider zu seyn scheinen, zur Erreichung derselbigen zu gebrauchen? Sie haben es mir erlaubt über meine eigene Geschichte Anmerkungen zu machen; Inzwischen mag denn doch diese Anmerkung wegen ihrer länge einige Entschuldigung bedürfen. Glauben Sie daß ich mit der größten Hochachtung bin

Mein Hochgeschätzter Herr

Ihr

Januar 18. 1763.

aufrichtig ergebenster Diener.

Siebenter Brief

Reise von Cap Lopez nach England zu.

Hochgeschätzter Herr!

Das Schiff, an dessen Bord ich mich jetzt als ein Reisender befand, war auf einer Handlungsfahrt, um Gold, Elfenbein, Färbholz und Bienenwachs einzuhandeln. Es wird eine viel längere Zeit erfodert eine Schiffsladung von dieser Art, als von Sklaven zusammen zu bringen. Der Capitain fing sein Einhandeln zu Gambia an, war schon vier oder fünf Monate lang in Afrika gewesen, und blieb,

F wie

wie ich bey ihm war, wenigstens ungefehr noch ein Jahr lang daselbst; in welcher Zeit wir an der ganzen Küste, bis nach Cap Lopez hinzu, herum streiften, welches ungefehr ein Grad südlich von der Equinoktiallinie, und mehr denn tausend Meilen weiter von England entfernt liegt, als der Ort wo ich mich eingeschiffet hatte. Ich weiß Ihnen wenig, das der Mühe werth wäre, von dieser langweiligen Fahrt zu melden. Ich hatte kein Geschäft für mein Nachdenken, nur bisweilen unterhielt ich mich mit der Mathematick; dieses ausgenommen, war mein ganzes Leben, wenn ich nicht schlief, eine Kette der abscheulichsten Gottlosigkeit und Lasterhaftigkeit. Ich weiß nicht, daß mir nur je seit der Zeit ein so verwegener Flucher, wie ich damals war, vorgekommen wäre; nicht zufrieden mit gemeinen Schwüren und Betheuerungen, ersann ich täglich neue; so daß mich oft der Capitain ernstlich darüber zu Rede stellte, der doch selbst sonst ein sehr hitziger Mann war und nichts weniger als seine Worte immer auf die Waagschale legte. Nach dem was ich ihm bisweilen sowohl von meinen ehemaligen Streichen als auch sonderbaren Schicksalen erzählte, und dem, das er an mir und meinem Wandel wirklich sahe, wollte er wohl, besonders gegen dem Ende unserer Fahrt da wir in so viele Noth und Gefahre kamen, mir oft sagen, daß er zu seinem größesten Leidwesen einen Jonas bey sich auf dem Schiffe hätte, daß man mich überall, wo ich nur ging und stünde, fluchen hörte und daß von aller Noth und Widerwärtigkeit, die ihm auf dieser Seereise begegnete, nichts anders schuld wäre, als daß er mich in das

Schiff

Schiff genommen hätte. Ich übergehe jetzt viele einzelne Umstände, will nur noch ein oder zwey Exempel von der Barmherzigkeit des Herrn gegen mich, zu der Zeit da ich seiner Macht und Gedult so troß bot, anführen, und alsdenn will ich zu etwas übergehen, das mehr werth ist von Ihnen gelesen zu werden.

Ich war, obgleich ich lange Zeit mich fast allen anderen Ausschweifungen, leider nur mehr als zu sehr, überließe, doch niemals ein Freund von Unmäßigkeit im Trinken; und mein Vater soll oft gesagt haben, daß, so lange ich mich nicht der Trunkenheit ergeben würde, er noch immer Hofnung zu meiner Beßerung unterhalten würde. Allein bisweilen wollte ich denn doch ein Trinkmahl wie ich es zu nennen pflegte, um recht frölich zu seyn anstellen; denn obgleich ich keine Neigung zum starken Getränke hatte, so war es doch, als wenn ich durchaus alle Sünden hätte mitmachen müßen, ich fand mein Vergnügen darinne Böses anzurichten. Die letzte abscheuliche Lustbarkeit von dieser Art, worin ich mich einließ, war, da wir uns auf dem Fluße Gambia befanden; ich selbst veranstaltete sie und bezahlte auch was dabey darauf ging. Vier oder fünfe von uns setzten uns oben auf das Verdeck mit einander hin, um zu sehen wer von uns es wechselsweise im Genever und Rum *) trinken am längsten aus-

---

*) Genever ist Wachholderbrandtewein und Rum ein starker aus Zuckerrohr distillirter amerikanischer Brandtewein.

Anmerk. des Uebers.

aushalten könnte; eine große Seemuschel ersetzte
bey uns den Mangel eines Glaßes. Ich taugte zu
einer Herausforderung von dieser Art nun wohl
ganz und gar nicht; denn mein Kopf konnte niemals
viel stark Getränke vertragen. Inzwischen machte
ich denn doch den Anfang, trank den andern zuerst
zu und bediente mir dabey, wie ich mich noch wohl
zu erinnern weiß, einer gewißen Verfluchung wider
den, der zuerst aufstehen würde. — Es traf sich,
daß ich es gerade selbst war. — Mein Gehirn war
bald entzündet. — Ich stund auf und tanzte auf dem
Verdeck wie ein Unsinniger herum; indem ich nun
auf diese Weise meine Gesellschafter vergnügte, fiel
mir mein Huth über Bord. Da es gerade Mond-
schein war, so sahe ich das Schiffsboot, und sprang
ganz in Eil aus dem Schiffe hinunter, um in das
Boot zu kommen und meinen Huth wieder zu erhalten. Mein Gesicht betrog mich aber in diesem Zustand, denn das Boot war nicht so nahe am Schiffe, daß ich es hätte mit einem Sprunge erreichen
können wie ich meinte, sondern wohl zwanzig Fuß
weit von der Schiffsseite entfernt. Ich war inzwischen schon wirklich Halbweges über das Schiff hinaus
und würde in einer Minute mehr mich ins Wasser
gestürzt haben, wenn nicht noch so eben zum Glück
jemand mich bey meinen Kleidern ergriffen und mich
zurück gezogen hätte. Dieses war eine recht wunderbare glückliche Entrinnung; denn ich hätte nicht
schwimmen können, wenn ich auch nüchtern gewesen
wäre; der Strom lief sehr stark; meine Gesellschafter waren viel zu berauscht, um etwas zu meiner
Rettung versuchen zu können und der übrige Theil

der

der Schiffsgesellschaft schlief. So nahe war es bey mir dem Anscheine nach daran, daß ich in dem schröcklichen Zustande umgekommen, und unter dem Gericht meines eigenen Fluches in den Abgrund der Ewigkeit hinunter gesunken wäre!

Ein andermal zu Cap Lopez waren einige von uns in den Wäldern gewesen und hatten ein Buffalo oder eine wilde Kuh geschoßen; wir brachten einen Theil davon auf das Schiff und merkten uns, wie mir deuchte, sehr sorgfältig und genau die Stelle, wo wir das Uebrige gelaßen hatten. Am Abend kehrten wir wieder zurück um es zu hohlen, aber wir setzten zu spät dazu aus. Ich unternahm es indessen ihr Wegweiser zu seyn, allein da uns die Nacht überfiel, noch ehe wir die Stelle erreichen konnten, so verlohren wir unsern Weg. — Manchmal geriethen wir in Sümpfe, so daß wir halb im Waſſer waren, und da wir wieder das Trockene erreichten, konnten wir nicht sagen ob wir dem Schiffe zu gingen oder uns weiter von demselben verirrten. — Ein jeder Schritt vermehrte unsere Ungewisheit. — Die Finsterniß der Nacht nahm immer mehr zu, und wir wurden in undurchdringliche Gehölze verwickelt, in welche vielleicht niemals vorher ein Menschen Fuß gekommen war. Dieser Theil vom Lande war gänzlich den wilden Thieren überlaßen, deren sich in demselbigen eine ganz erstaunliche Menge aufhielten. Wir befanden uns in einer fürchterlichen Lage, indem wir weder Licht, noch Speise, noch auch Waffen bey uns hatten und erwarten mußten, daß hinter jedem Baume ein Tyger her-

vorkommen und über uns herfallen würde. Die
Sterne waren mit Wolken überzogen und wir hatten
keinen Compaß bey uns, woran wir hätten einiger:
maßen erkennen können, wohin wir gingen. Wären
unsere Umstände noch ein wenig länger so geblieben,
so würden wir wohl aller Wahrscheinlichkeit nach
umgekommen seyn; allein es gefiel Gott, daß kein
wildes Thier uns nahe kam, und nach einer Ver:
legenheit von einigen Stunden ging der Mond auf,
und zeigte uns die Gegend von Osten an. Es wieß
sich alsdenn aus, daß wir, wie wir wirklich ver:
muthet hatten, anstatt uns der Seeseite zu nähern,
immer weiter ins Land hineingedrungen waren, al:
lein nunmehr, da wir den Mond zu unserem Führer
hatten, kamen wir endlich wieder nach der Wasser:
seite in einer beträchtlichen Entfernung von dem
Schiffe hin. Wir langten glücklich am Bord des
Schiffes an, ohne irgend einige andere Ungemäch:
lichkeiten erfahren zu haben, als die wir wegen
Furcht und Mattigkeit erlitten hatten.

Diese und viele andere Errettungen aus den
augenscheinlichsten Lebensgefahren waren alle zu der
Zeit gänzlich an mir verlohren. Die Erinnerungen
und Warnungen meines Gewissens, die durch wie:
derhohlte Unterdrückungen immer schwächer worden
waren, hörten endlich gänzlich auf; und in Zeit von
vielen Monaten, wo nicht wohl gar von einigen
Jahren, weiß ich mir nicht zu erinnern, daß mir
mein Gewissen nur einen einzigen Verweis von der
Art gegeben hätte. Etlichemal bin ich mit Krank:
heit heimgesucht worden und zwar so, daß ich wirk:
lich

lich glaubte, ich wäre dem Tode nahe, allein ich hatte nicht die geringste Bekümmerniß darüber, wie es mir nach dem Tode gehen würde. Mit einem Worte, es hatte bey mir das völlige Ansehen, als wenn das Gericht der Verstockung und Verwerfung über mich ergangen wäre, denn weder Züchtigungen noch Wohlthaten machten den geringsten Eindruck mehr auf mich.

Endlich da unsere Geschäfte beendiget waren, verließen wir Cap Lopez, und nach einem Auffenthalt von wenigen Tagen auf der Insel Annabona, um uns daselbst mit Proviant zu versehen, segelten wir heimwärts, ungefehr zu Anfang des Monats Januar 1748. Von Annabona bis nach England, ohne an irgend einem darzwischen gelegenen Hafen anzukommen, ist eine sehr lange Fahrt, vielleicht mehr denn sieben tausend Meilen, wenn wir die Umschweife, die schlechterdings wegen den Passatwinden *) gemacht werden müßen, mitrechnen. Wir segelten erstlich Westwärts bis bald zu der Küste von Brasilien, alsdann Nordwärts zu den Sandbänken von Neufundland mit den gewöhnlichen Abwechselungen von Wind und Wetter, ohne daß uns etwas ausserordentliches begegnet wäre. An diesen Sandbänken verweilten wir uns einen halben Tag lang um Kabbeliau zu fischen; dieses thaten wir damals hauptsächlich zu unserm Vergnügen, denn wir hatten unserer Meinung nach

*) Winde die zu einer gewissen Jahrszeit beständig von einem Orte herwehen.
Anmerk. des Uebers.

Proviant genug, und stellten uns ganz und gar nicht vor, daß diese Fische (wie es sich hernach zeigte) alles seyn würde, was wir an Speise zu geniesen haben würden. Wir verließen die Sandbänke den 1ten März, mit einem starken Stoße vom Westwinde, der uns schnell heimwärts fortstieß. Hier muß ich nun aber anmerken, daß das Schiff durch die länge dieser Reise in einem heisen Clima sehr ausser Stand gesetzt und nicht stark genug war, stürmisches Wetter auszuhalten; die Segel und das Tau oder Strickwerk waren ebenfals sehr abgenutzt, und so kamen viele Umstände zusammen, die das, was folgte, um so viel gefährlicher für uns machen mußten. Es war, wie mir deucht, den neunten März, am Tage vor unserem Unglücke, da auf einmal ein Gedanke mir in den Sinn kam, den ich gewis lange gar nicht gehabt hatte. Unter den wenigen Büchern, die wir auf dem Schiffe hatten, war eines, Stanhops Thomas à Kempis. Ich nahm es, wie ich schon oft vorher gethan hatte, ohne was weiters dabey zu denken in die Hand, blos um mir ein wenig die Zeit damit zu vertreiben, und ich hätte es bald auch diesmal mit eben der Gleichgültigkeit gelesen, als wenn es nur eine blose Erdichtung enthielte. Indessen, da ich diesesmal am Lesen war, stieg wider meinen Willen der Gedanke bey mir auf: Wie wenn dieses alles wahr seyn sollte? Die Kraft der Schlußfolge war mir unausstehlich, daß ich mich selbst dabey ganz getroffen fühlte, und daher machte ich sogleich das Buch wieder zu. Mein Gewissen zeugete noch einmal wider mich, und ich machte den Schluß, daß, es mögte wahr oder unwahr seyn,

ich

ich mir die Folgen von meiner eigenen Wahl müßte gefallen laßen. Ich machte auf einmal ein Ende von diesen Nachgedanken, indem ich mich in irgend eines oder das andere eitele Gespräch, das mir gerade in den Weg kam, mit einließ.

Aber nun war die Zeit des Herrn gekommen, und die Ueberzeugung, die ich sogar ungern annehmen wollte, drang sich mir durch eine schröckliche Schickung mit Kraft und Nachdruck auf. Ich ging die Nacht in meiner gewöhnlichen Sicherheit und Sorglosigkeit zu Bette, allein ich wurde durch die Gewalt einer starken Meereswoge, die in unser Schiff einbrach, aus einem festen Schlafe aufgeweckt. Es kam so viel davon herunter, daß die Cajüte, worin ich lag, mit Wasser angefüllt wurde. Dieser Alarm wurde mit einem Geschrey auf dem Verdeck begleitet, daß das Schiff, am Untergehen oder Sinken wäre. Sobald als ich mich erhohlen konnte, versuchte ich aufs Verdeck zu gehen, aber der Capitain begegnete mir auf der Treppe und verlangte, daß ich ein Meßer mitbringen mögte. Während dem ich zurückging um ein Meßer zu hohlen, ging ein anderer an meiner Stelle hinauf, der sogleich von den Wellen über Bord gewaschen wurde. Wir hatten nicht die Zeit ihn nur einmal zu beklagen, und wir erwarteten auch gar nicht, daß wir selbst ihn lange überleben würden, denn wir fanden bald, daß das Schiff, sich immer mehr und sehr geschwind mit Wasser anfüllte. Die See hatte das obere Holzwerk am Schiffe auf der einen Seite weggerißen und in wenig Minuten Zeit das

Schiff

Schiff so zugerichtet, daß es fast nichts mehr als ein Trümmer war. Ich darf es nicht wagen dieses Unheil in der Schifferssprache zu beschreiben, da es nur von wenigen verstanden werden würde, und daher kann ich Ihnen nur eine sehr unvollkommene Vorstellung davon mittheilen. Wenn man alle Umstände zusammen nimmt, so war es zum Erstaunen, ja beynahe ein Wunderwerk, daß einige von uns am Leben geblieben sind, die Geschichte zu erzählen. Wir nahmen augenblicklich unsere Zuflucht zu den Pumpen, aber das Wasser vermehrte sich im Schiffe, wir mogten auch noch so sehr arbeiten; einige von uns wurden beordert an einem andern Theile vom Schiffe das Schiff loszubürgen, das ist das Wasser mit Zubern und Eimern auszuschöpfen. Wir hatten nur elf bis zwölf Leute, mit denen wir diese Arbeit unterhalten konnten; und wir mogten thun was wir wollten, so wollte es doch nicht helfen, das Schiff war voll Wasser, wenigstens sehr nahe voll; und bey einer gemeinen Ladung wäre es gar nicht anders gewesen, es hätte untersinken müßen; allein wir hatten eine große Quantität von Bienenwachs und Holz auf dem Schiffe, welches seiner Eigenschaft nach leichter als das Wasser war; und da es Gott gefiel, daß wir diesen Puff bekamen gerade da der Sturm den höchsten Grad erreichet hatte, so waren wir, als es dem Morgen zuging, im Stande, einige Mittel zu unserer Erhaltung anzuwenden, die über alle unsere Erwartung gut einschlugen. In ungefehr einer Stunde Zeit fing es an zu tagen und der Wind ließ etwas nach. Wir verwendeten die mehreste unserer Kleidungs-

stücke

stücke und Bettungen um die Ritzen und Löcher im Schiffe damit zuzustopfen, (wiewohl das Wetter ausnehmend kalt war, besonders für uns, die wir erst so vor kurzem ein heißes Clima verlaßen hatten,) über diese nägelten wir Stücke von Brettern und endlich verspürten wir daß das Waßer wirklich abnahm. Zu Anfang dieser Verwirrung, rührte mich der ganze Vorgang der Sache nur sehr wenig. Ich pumpte tüchtig darauf los, und bemühte mich, mir selbst und meinen Gesellschaftern Muth einzuflößen. Ich sagte zu einem von ihnen, daß in wenigen Tagen Zeit diese Noth zu einer angenehmen Unterhaltung bey einem Glase Wein dienen würde; aber da er ein weniger verhärteter Sünder war als ich, so gab er mir mit Thränen darauf zur Antwort: Nein! es ist nun zu spät. Um neun Uhr, da ich vor Kälte und Müdigkeit fast hinsank, ging ich, um mit dem Capitain zu sprechen, der sonst wo beschäftiget war, und da ich so eben von ihm wieder wegging, entfuhren mir die Worte beynahe ohne etwas dabey zu denken: Wenn dieses nicht helfen will, denn sey uns der Herr gnädig! Dieses (obgleich ich es mit wenig Ueberlegung ausgesprochen hatte) war das erste Verlangen nach Gnade das in einem Zeitraum von vielen Jahren aus meinem Munde gekommen war. Ich fand mich gleich auf der Stelle von meinen eigenen Worten getroffen, und so wie einst Jehu nach 2 König. 9. sprach: Was gehet dich der Friede an? so fiel mir der Gedanke plötzlich ein: Wie kann ich wohl Gnade erwarten? Ich war genöthiget mich wieder zu der Pumpe hin zu begeben, an der ich bis zu Mittag blieb, wo fast jede vorbey kommende Welle über mein Haupt zusammen schlug; allein wir machten uns mit Stricken fest, damit die Wellen uns nicht mit sich fortreißen mögten. In der That erwartete ich jedesmal, wenn sich das Schiff in das Meer herabließ, daß es sich nie wieder aus dem Waſſer erheben würde; und obgleich ich jetzt den Tod fürchtete und mein Herz das Schlimmſte ahndete, wenn die heilige Schrift, der ich mich ſo lange wiederſetzt hatte, in der That wahr ſey; ſo war ich doch bis jetzt noch nur halb überzeuget und blieb noch für eine ziemliche Zeit in einem ſonderbaren verdrißlichen Gemüthszuſtande, indem bey mir eine Miſchung von Verzweifelung und Ungedult herrſchte. Ich dachte, wenn die chriſtliche Religion wahr wäre, dann könnte mir nicht vergeben werden; und erwartete daher und wünſchte auch faſt zu Zeiten das Schlimmſte davon zu erfahren. Ich bin

Mein Hochgeehrteſter Herr

Januar 19. 1763. ganz Ihr —

Achter Brief

Gefahr und merkwürdige Ereigniße auf der Fahrt von Cap Lopez.

Hochgeehrtester Herr!

Der zehnte (das ist nach unserm neuen Kalender der ein und zwanzigste) März ist ein Tag, der sehr verdient von mir in Andenken gehalten zu werden, ich habe ihn auch niemals seit dem Jahr 1748. ganz ungefeyert vorbey gehen laßen. An dem Tage schickte der Herr aus von der Höhe, und holete mich, und zog mich aus großen Waßern. 2 Sam. 22, v. 17. —— Ich blieb an der Pumpe von drey Uhr des Morgens an bis bald zu Mittag hinzu, da aber konnte ich nicht mehr; Ich ging also hin und legte mich aufs Bette, ungewis und beynahe gleichgültig, ob ich jemals wieder aufstehen würde. In einer Stunde Zeit wurde ich schon wieder gerufen und da ich nicht im Stande war zu pumpen, ging ich zu dem Steuerruder hin und steuerte das Schiff bis Mitternacht, ausgenommen daß ich einmal darzwischen auf eine kurze Zeit davon ging, um mich ein wenig zu erhohlen. Ich fing an über meine ehmalige Religionsbekenntniße, über die ausserordentliche Schicksale, die ich bisher erlebt hatte, über die Aufforderungen und Warnungen meines Gewissens,

und

und die Errettungen aus so manchen Gefahren und Nöthen, die ich erfahren, über meinen ausgelaßenen Lebenswandel und besonders über meine beyspiellose Frechheit, die ich darin bewiesen, daß ich die evangelische Geschichte (von der ich jetzt nicht gewis seyn konnte, daß sie falsch sey, ob ich gleich auch noch nicht davon gewis war, daß sie wahr sey,) zum beständigen Gegenstand eines gottlosen Gespöttes gemacht hatte nachzudenken. Ich dachte, daß, zugegeben daß die heilige Schrift Gottes Wort sey, niemals ein größerer Sünder gewesen wäre noch seyn könnte wie ich, und da ich alsdenn auch die viele Mittel und Bemühungen zu meiner Beßerung, die ich ganz fruchtlos an mir hatte seyn laßen, in Erwägung zog, so schloß ich daraus anfänglich, daß meine Sünden zu groß seyen, als daß sie mir könnten vergeben werden. Die heilige Schrift schien mir gleichfals eben dieses zu sagen; denn ich war ehemals gut mit der Bibel bekannt gewesen, und viele Stellen kamen bey dieser Gelegenheit mir wieder in den Sinn, besonders folgende schröckliche Aussprüche: Spw. 1, 24:31. Weil ich denn rufe, und ihr wegert euch, ich recke meine Hand aus und niemand achtet darauf; und laßet fahren allen meinen Rath, und wollet meiner Strafe nicht. So will ich auch lachen in eurem Unfall, und eurer spotten, wenn da kommt das ihr fürchtet. Wenn über euch kommt wie ein Sturm, das ihr fürchtet, und euer Unfall als ein Wetter; wenn über euch Angst und Noth kommt. Denn werden sie mir rufen, aber ich werde nicht antworten; sie werden mich frühe suchen, und nicht finden.

Da=

Darum daß sie haßeten die Lehre, und wollten des Herrn Furcht nicht haben; wollten meines Raths nicht; und lästerten alle meine Strafe; so sollen sie essen von den Früchten ihres Wesens, und ihres Raths satt werden. Hebr. 6, 4:6. Denn es ist unmöglich, daß die so einmal erleuchtet sind und geschmecket haben die himmlische Gabe und theilhaftig worden sind des heiligen Geistes und geschmecket haben das gütige Wort Gottes und die Kräfte der zukünftigen Welt. Wo sie abfallen, und wiederum ihnen selbst den Sohn Gottes kreutzigen und für Spott halten, daß sie sollten wiederum erneuert werden zur Buße. Und 2 Petr. 11, 20. Denn so sie entflohen sind dem Unflat der Welt durch die Erkenntniß des Herrn und Heylandes Jesu Christi, werden aber wiederum in dieselbigen geflochten und überwunden, ist mit ihnen das Letzte ärger worden, denn das Erste. Es kam mir vor, als wenn diese Aussprüche so genau auf mich und meinen Zustand paßten, daß sie eben deswegen einen muthmaslichen Beweiß von einem göttlichen Ursprunge für mich mit sich führten. So erwartete ich, wie ich schon erwähnt habe, mit Furcht und Ungedult mein unvermeidliches Urtheil des Todes und der Verdammung zu erhalten. Inzwischen, ob ich gleich Gedanken von dieser Art unterhielt, so waren sie doch überaus matt und lange nicht so beschaffen, wie es die Wichtigkeit der Sache wohl erfodert hätte; es geschah erst lange nachher, (wohl einige Jahre nachher) bis ich nemlich vorher einige deutliche Einsichten von der unendlichen Gerechtigkeit Christi Jesu meines Herrn er-

erlanget hatte, daß ich eine recht lebendige und kräftige Erkenntniß von meinem natürlichen und sündhaften Zustande hatte, und vieleicht hätte ich auch vorher eine solche Erkenntniß nicht ertragen können. Auf eine so wunderbare Weise theilt der Herr in gleichem Verhältniße mit einander die Entdeckungen von Sünde und Gnade mit; denn er weiß, was für ein Gemächt wir sind, und weiß, daß, wenn er die Größe seiner Macht erzeigen wollte, ein armer Sünder bald überwältigt, und wie eine Made zerquetscht werden würde. Aber, um jetzt wieder auf das Vorige zurückzukommen, da ich sahe, daß, so wenig Wahrscheinlichkeit dazu bisher vorhanden gewesen war, dennoch wirklich noch einige Hofnung da sey, daß uns noch diesmal das Leben könnte gefristet werden, und da ich um sechs Uhr des Abends hörte, daß das Schiff vom Wasser entlediget worden sey — da kam ein Strahl von Zuversicht in meine Seele. Mir kam es so vor, als wenn ich die Hand Gottes hieben zu unserem Besten geschäftig gesehen hätte; Ich fing an zu bethen — — Ich konnte nicht das Gebet des Glaubens verrichten; ich konnte mich nicht zu einem versöhnten Gott hinzu nahen und ihn Vater nennen. Mein Gebet war wie das Geschrey der Raben, das der Herr dennoch zu hören nicht verschmähet. Ich fing jetzt an, an den Jesus zu denken, den ich so oft verlachet hatte; Ich ging so mit meinen Gedanken die Hauptumstände seines Lebens und seines Todes durch; eines Todes um der Sünden willen, nicht seiner eigenen, sondern wie ich mich erinnern konnte, um der Sünden derer Willen, die in ihrem

Elende

Elende ihr Vertrauen auf ihn setzen würden. Und nun fehlte mir hauptsächlich nur noch Klarheit und Gewisheit. — — — Die trostlose Grundsätze des Unglaubens waren tief bey mir eingewurzelt, und ich wünschte mehr als ich glaubte, daß diese Dinge wirkliche Wahrheiten seyn mögten. Belieben Sie, mein Hochgeschätzter Herr! hiebey zu bemerken, daß ich den ganzen Verfolg der Ueberlegungen und Prüfungen, die in meinem Gemüthe vorgingen, auf einmal zusammenfaße; allein damit will ich denn doch nicht sagen, daß dieses alles sich zu gleicher Zeit zutrug. Die große Frage war nun, wie ich Glauben erlangen sollte. Ich rede hier nicht von einem zueignenden Glauben (wovon ich damals weder die Natur noch die Nothwendigkeit kannte) sondern wie ich zu der gewissen Versicherung gelangen sollte, daß die heilige Schrift eine göttliche Eingebung und eine hinlängliche Vollmacht, Vertrauen und Zuversicht zu Gott zu faßen, sey. Eine der ersten Zurechtweisungen (als ich einmal den Entschluß gefaßt hatte, das Neue Testament sorgfältiger zu untersuchen) erhielt ich aus Lucä 11, 13. So denn ihr, die ihr arg seyd, könnet euren Kindern gute Gaben geben, wie vielmehr wird der Vater im Himmel den heiligen Geist geben denen, die ihn bitten? Das sahe ich sehr wohl ein, daß wenn ich Glauben an Jesum Christum vorgeben wollte, so lange als ich doch in der That seine Geschichte nicht glaubte, dieses fürwahr nichts anders als eine Verspottung des Gottes wäre, der das Herz prüfet; inzwischen fand ich nun hier, daß von einem Geiste die Rede sey, der denen die darum bethen mitgetheilt

G wer-

werden sollte; Hierauf schloß ich folgender Maßen.
— — — Wenn dieses Buch wahr ist, so muß die Verheisung in dieser Stelle ebenfals wahr seyn; Ich habe den nemlichen Geist, durch den das Ganze geschrieben wurde, nötßig, um es recht zu verstehen; Gott hat hier sich verbindlich gemacht, denselben Geist denen, die darum bitten, zu geben; Folglich muß ich also zu ihm darum bethen, und wenn die heilige Schrift von Gott ist, so wird er auch sein Wort wahr machen. Meine Vorsätze erhielten durch die Stelle Joh. 7, 17. noch mehr Stärke: So jemand will des Willen thun, der mich gesandt hat, der wird inne werden, ob diese Lehre von Gott sey, oder ob ich von mir selbst rede. Ich zog hieraus den Schluß, daß wenn ich auch gleich nicht sagen könnte, daß ich das Evangelium von Herzen glaube, ich doch es einmal so vor jetzt für wahr annehmen müßte; und daß, wenn ich es in diesem Lichte studierte, ich mehr und mehr darin befestiget werden würde. Wenn das, was ich schreibe, von den Ungläubigen in unsern Tagen gelesen würde, würden sie sagen, (denn ich kenne ihre Sprache und Weise nur zu gut) ich hätte doch ein sehr großes Verlangen gehabt mit Gewalt mich von dieser Meinung zu überzeugen. Ich muß es gestehen, daß ich wirklich ein großes Verlangen hatte; und sie würden gewis auch ein solches Verlangen dazu haben, wenn der Herr ihnen die unumgängliche Nothwendigkeit irgend einer gewissen Vermittelung zwischen einem gerechten Gott und einer sündigen Seele zeigte, so wie es ihm gefiel zu der Zeit mir dieselbige zu zeigen; Wenn ich das Evangelium

be-

betrachtete, so blieb mir doch noch immer ein Schimmer einer möglichen Hofnung übrig; aber ich mogte sonst mich mit meinen Betrachtungen hinwenden wohin ich wollte, so sahe ich rings um mich nichts als ein finsterer Abgrund von Verzweifelung.

Der Wind war nun mäßig, blieb dabey auch noch immer günstig und wir näherten uns also immer mehr unserm Haven. Wir fingen an, uns von unserm Schrecken einigermaßen zu erholen, obgleich uns unsere Umstände eine nicht geringe Bestürzung und Bekümmerniß verursachten. Wir fanden nemlich, daß, weil alle unsere bewegliche Sachen in dem untersten Theile des Schiffes auf dem Wasser waren ans schwimmen gekommen, alle unsere Proviantfäßer durch die gewaltige Bewegung des Schiffes in Stücken zerschlagen worden waren; auf der andern Seite war unser lebendiger Vorrath, wie zum Beyspiel Schweine, Schaafe und Federvieh, in dem Sturme über Boord geschwemmt worden. In der That war uns soviel theils verlohren gegangen, theils zu Schanden geworden, daß alle Lebensmittel, die wir noch gerettet hatten, ausgenommen die Fische deren ich schon Erwähnung gethan habe und einiges Futter von Hülsenfrüchten, womit wir die Schweine zu füttern pflegten, (und auch davon war uns nur wenig geblieben) daß, sage ich, alle andere Lebensmittel, die wir noch behalten hatten, wenn wir uns auch sehr beholfen hätten, kaum auf eine Woche lang würden für uns zu gereicht haben. Die Segel waren gleichfals vom Winde zerrißen und fast alle weggewehet worden, so daß wir auch, selbst so lange wir günstigen Wind hatten, nur langsam fortrückten. Wir bildeten uns ein, ungefehr hundert Seemeilen *) vom Lande noch entfernt zu seyn, befanden uns aber wirklich in einer noch weit größeren Entfernung. So setzten wir denn unsere Reise fort, indem wir immer zwischen Furcht und Hofnung schwebten, und abwechselnd bald das erste bald das letzte bey uns das Uebergewicht hatte. ——— Meine müßige Stunden brachte ich mit Lesen und Nachdenken über die heilige Schrift zu, und mit Bethen zu dem Herrn um Gnade und Unterweisung.

So stunden unsere Sachen, und so blieben sie vier bis fünf Tage lang, vielleicht auch noch etwas länger, bis wir an einem Morgen durch das laute Freudengeschrey der Wache auf dem Verdeck, der ausrief, daß er Land sehe, aufgeweckt wurden. Wir hatten kaum diesen Ausruf gehört, so waren wir auch gleich schon alle aus unsern Betten. Die Morgendämmerung war ungemein schön und das Licht des anbrechenden Tages (welches gerade stark genug war, um entfernte Gegenstände zu entdecken) zeigte uns eine erfreuliche Aussicht; Es schien eine gebürgigte Küste, ungefehr zwanzig Meilen von uns entfernt, die sich in einem Vorgebürge oder einer Spitze im Meere endigte, zu seyn, und ein wenig weiter schienen zwey bis drey kleine Inseln sich

zu

---

*) Eine Seemeile ist soviel als eine französische Meile, die in einer Länge von einer starken Stunde oder fünf viertel Stunden besteht.

Anmerk. des Uebers.

zu befinden, die sich ansahen, als wenn sie sich so eben aus dem Wasser erhoben hätten; Das Ansehen und die Lage schienen unseren Hofnungen ganz genau zu entsprechen, indem es völlig das nordwestliche Ende von Irland, wohin wir das Schiff wirklich steuerten, vorstellte. Wir wünschten einander in allem Ernste Glück, da wir jetzt gar nicht daran zweifelten, daß, wenn der Wind anhielte, wir den Tag darauf uns in Sicherheit und Ueberfluß befinden würden. Unser kleiner Ueberbleibsel von Brandtewein (der so abgenommen hatte, daß wenig mehr als ein Nößel oder viertel Kanne davon da war,) ward auf Befehl des Capitains unter uns ausgetheilt. Er fügte zu gleicher Zeit hinzu: Wir würden nun bald Brandtewein genug bekommen können. Sa aßen wir auch das wenige Brodt, das wir noch gespart hatten, für Freude über diesen willkommenen Anblick auf, und kurzum, wir befanden uns gerade in einem Zustande wie Leute die auf einmal sich vom Tode errettet sehen. Während dem wir so ganz munter und frölich waren, schlug der Gehülfe des Capitains, indem er mit einem ernsthafteren Tone als die Uebrige zu reden anfing, unsern Muth nieder. Er wünsche, sagte er, daß es sich am Ende wirklich ausweisen mögte, daß es Land sey. Wenn einer von den gemeinen Schiffsleuten das zuerst gesagt hätte, so glaube ich gewis, die andern hätten ihn darüber geschlagen, daß er einen solchen unvernünftigen Zweifel vorgebracht hätte. Es wurde indessen viel darüber gezankt und hitzig gestritten, ob es Land sey oder nicht; allein bald wurde die Sache auf das unwidersprechlichste entschieden, denn der Tag kam jetzt sehr geschwinde heran und es währete gar nicht mehr lange, bis eine von unsern eingebildeten Inseln durch die Annäherung der Sonne, die bald darauf auch gerade unter derselbigen aufging, aufing roth zu werden. Mit einem Worte, wir waren zu voreilig verschwenderisch mit unserm Brodte und Brandtewein gewesen; Unser Land war buchstäblich in nubibus, das ist, es war nichts als Wolken das wir gesehen hatten, und in einer halben Stunde Zeit darauf war die ganze Erscheinung verschwunden ——— —. Seeleute haben oft Täuschungen dieser Art erfahren, aber in den kläglichen Umständen, worin wir uns befanden, war es uns äußerst unangenehm und verdrießlich uns getäuscht zu sehen. Inzwischen trösteten wir uns doch damit, daß, wenn wir auch gleich jetzt das Land nicht sähen, wir es doch bald würden zu sehen bekommen, indem der Wind bis jetzt noch immer günstig blieb; aber ach! wir wurden auch dieser Hofnung bald beraubt. ——— — — An dem nemlichen Tage verwandelte sich unser günstiger Wind in eine Windstille, und am folgenden Morgen fing der Wind aus Südost an zu blasen, so daß er uns geradezu entgegen war und leider blieb er auch noch über vierzehn Tage lang so immer einerley. Das Schiff war so übel von dem Sturm zugerichtet, daß wir genöthiget waren, beständig, ausgenommen wenn das Wetter ganz gelinde war, den Wind auf der beschädigten Seite zu halten; Es konnte daher gar nicht anders seyn, als daß, da der Wind immer in der Ecke blieb, wir immer weiter von unserem Haven nach der Nordseite von ganz Irland hin,

so

so weit als die Ludwigs oder westliche Insel von Schotland, einen sehr weiten Weg von der Westseite Irlands, getrieben werden mußten. Kurzum, wir befanden uns in einem Zustande und in einer Gegend, wo wir gar keine Hofnung haben konnten, daß uns durch andere Schiffe etwa noch geholfen werden mögte; ja es ist wirklich die Frage, ob unser Schiff nicht das erste mag gewesen seyn, das in dem Theile des Oceans zu der Zeit vom Jahre gewesen war.

In Ansehung der Lebensmittel fieng es jetzt an bey uns sehr knap herzugehen; die Hälfte von einem gesalzenen Kabillau war der tägliche Unterhalt für zwölf Leute; wir hatten gnug frisch Wasser, aber nicht einen Tropfen stärkeren Getränkes; hatten kein Brodt, kaum noch einige Kleider und dabey sehr kaltes Wetter. Wir hatten unabläßige Arbeit, um mit den Pumpen das Schiff über dem Wasser zu erhalten. Die viele Arbeit die wir thun mußten, und die wenige Speise die wir zu geniessen hatten machten, daß wir sehr geschwinde an Kräften abnahmen und einer unserer Leute starb wirklich davon. Jedoch war alles dieses, was wir jetzt zu leiden hatten noch was leichtes in Vergleichung mit dem, was wir mit Recht befürchten mußten; unsere Umstände waren so beschaffen, daß wir nicht viel länger nur diese kleine Portion Speise täglich zu erhalten uns versprechen konnten, vielmehr nichts als die schreckliche Aussicht vor uns hatten, entweder zu Tode zu hungern, oder genöthigt zu seyn, uns unter einander aufzuessen. Unsere Erwartungen wurden von Tage zu Ta-

Tage finsterer, und ich hatte noch ausserdem wegen meiner selbst viel zu leiden. Der Capitain, den die Noth ganz übellaunigt machte, machte mir täglich und stündlich (wie ich schon vorhin angemerkt habe) Vorwürfe, als wenn ich die einzige Ursache alles Unglücks, das uns betroffen hatte, wäre, und sagte, er wüßte gewiß, daß wenn ich über Bord geworfen würde (und sonst nimmermehr) sie vorm Tode würden bewahret bleiben. Er hatte nicht nur zur Absicht wirklich die Probe zu machen, allein, daß ich dieses beständig wiederholt anhören mußte, verursachte mir viele Unruhe; zumal da auch mein Gewissen seinen Worten hierin noch mehr zu Hülfe kam, so hielt ich es wirklich ganz für wahrscheinlich, daß alles Unheil um meinetwegen über uns verhängt worden sey. Endlich hatte mich die mächtige Hand Gottes ausgefunden, und ich fühlte mich in meinem eigenen Busen verurtheilt. Inzwischen, da ich in der Ordnung, die ich schon beschrieben habe, fortfuhr, so fing ich an Hoffnung zu schöpfen, die alle meine Besorgnisse überwog; besonders da ich zu eben der Zeit, wie wir schon bereit waren alles für verloren zu geben und auf jedem Angesichte hoffnungslose Verzweiflung zu lesen war, den Wind gerade zu dem Punkt herum kommen sahe wie wir es wünschten, so daß er für den beschädigten Theil unsers Schiffs, der schlechterdings aus dem Wasser gehalten werden mußte, nicht besser hätte seyn können, und dabey auch so sanft blies, daß es unsere wenige übriggebliebene Segel gut vertragen konnten; so blieb nun auch der Wind ohne merkliche Veränderung oder Zunehmung so lange, obgleich zu der Zeit

von

vom Jahre Wind und Wetter gemeiniglich sehr
unbeständig sind, bis wir noch einmal herauf geru=
fen wurden, um Land zu sehen und überzeugt wur=
den, daß es auch in der That Land war. Wir sa=
hen die Insel Tory, und den Tag darauf ankerten
wir zu Lough Sevilly in Irland; dieses war den
achten April gerade vier Wochen nach dem Schaden,
den wir nach dem Sturm und den Wellen erlitten
hatten. Als wir in diesen Haven kamen, waren
wirklich unsere allerletzte Lebensmittel im Topf am
kochen, und wir waren auch noch nicht zwey Stun=
den da gewesen, als der Wind, der recht absicht=
lich von der göttlichen Vorsehung, so lange bis wir
an einem Ort der Sicherheit waren, zurückgehalten
worden zu seyn schien, anfing mit grösserer Heftig=
keit zu wehen, so daß, wenn wir in unserm schad=
haften und unvermögenden Zustande in der darauf
folgenden Nacht noch zur See geblieben wären, wir
allem menschlichen Ansehen nach hätten untergehen
müssen. Um diese Zeit fing ich an zu erfahren, daß
ein Gott sey der Gebet höre und erhöre. Wie so
sehr oft hat er seit dieser großen Errettung sich mir
zu gute geoffenbart! — Und doch ach! wie miß=
trauisch und undankbar ist mein Herz gegen ihn bis
zu dieser Stunde! Ich bin

Mein Hochgeehrtester Herr

Ihr

Januar 19. ergebenster Diener.
1763.

Neunter Brief

Begebenheiten zu Irland und Ankunft in England.

Hochgeehrtester Herr!

Ich bin in meiner Geschichte bis zu der Zeit meiner Ankunft in Irland im Jahr 1748 gekommen. Ehe ich aber nun weiter darin fortgehe, muß ich mit einem Blick nochmals auf das Vorige zurücksehen, um Ihnen eine fernere Nachricht von dem Zustand meines Gemüths, und in wie fern ich gegen die innerliche Bedrückungen, die mich zu der Zeit, da ich mit so vielen äusserlichen Drangsalen zu kämpfen hatte, zusetzten, Hülfe erlangte, ertheilen zu können. Die Leiden des Hungers, der Kälte, der Mattigkeit und die Furcht zu versinken oder zu verhungern, hatte ich mit andern gemein; allein überdem fühlte ich auch noch ein anders Leiden in meinem Herzen, womit nur blos ich zu kämpfen hatte, indem keiner auf dem Schiffe als nur ich allein in unserer Gefahr und Errettung die Hand Gottes sahe und davon einen Eindruck erhielte, die andere wenigstens zu keiner Bekümmerniß um ihre Seelen erwecket wurden. Keine Schicksale im Zeitlichen können das Herz erreichen, wenn nicht der Herr selbst sie dem Herzen zueignet. Meine Gefährten waren in der Gefahr entweder ganz ungerührt oder sie vergaßen doch bald alles wieder; aber so verhielt es sich nicht mit mir;

zwar

zwar nicht als wenn ich weiser oder besser gewesen wäre wie sie, sondern weil es dem Herrn gefiel mir ganz besonders seine Gnade zu verleihen; sonst wenn dies nicht gewesen wäre, wäre es in Ansehung meiner weit weniger wahrscheinlich gewesen, als in Ansehung irgend eines auf dem Schiffe, daß ich einen Eindruck davon bekommen würde, indem ich ja vorher oft ganz dumm und verhärtet, selbst bey dem Anblick der grössesten Gefahr geblieben war, und immer bis zu dieser Zeit nach jeder Züchtigung und Zurechtweisung mein Herz nur noch mehr verhärtet hatte. Ich kann gar keine Ursache einsehen, warum der Herr mich vor andern zu einem Denkmahl seiner Barmherzigkeit auserfahe als diese: daß es ihm also gefiele, es müßte denn seyn, daß er an einem erstaunenswürdigen Beyspiele zeigen wollte, **daß bey ihm kein Ding unmöglich sey.**

Es befand sich niemand auf dem Schiffe, dem ich mich in Ansehung des Zustandes meiner Seele offenherzig hätte entdecken können, niemand, den ich um Rath hätte befragen können. Was Bücher angehet, so hatte ich ein Neues Testament, Stanhope, dessen ich schon einmal Erwähnung gethan habe, und einen Band von Bischoff Beveridges Predigten, von welchen eine Predigt über die Leiden unsers Herrn mich sehr rührte. Beym Durchlesen des Neuen Testaments fand ich mich durch verschiedene Stellen ganz getroffen, besonders durch die Geschichte von dem Feigenbaum Luc. 13, 5:9. durch das Exempel des Apostels Pauli 1 Timoth. 1, 13:16. und besonders auch durch die Geschichte von dem verlornen

nen Sohn Luc. 15. Mir deuchte, daß nie einer dem verlornen Sohne ähnlicher gewesen sey wie ich — und die Betrachtung der Güte des Vaters, da er einen solchen Sohn wieder annahm, ja sogar ihm entgegen lief, und dann auch die Erwägung, wie diese Schilderung nichts anders zur Absicht habe, als die Güte des Herrn gegen umkehrende Sünder in ein helles Licht zu stellen — — Dieses siegte völlig über mich. Ich fuhr fort ernstlich im Gebet anzuhalten; ich sahe nun ein, daß der Herr in so weit sich meiner angenommen habe, daß er mich erretten wolle, und ich hoffe, daß er noch mehr thun würde. Die äußerliche Umstände, in denen ich mich befand, kamen mir hiebey zu Hülfe, um mich noch ernstlicher und anhaltender im Flehen zu Ihm zu machen, der mir allein helfen konnte; und bisweilen hielt ich dafür, daß ich mir es wohl gerne gefallen laßen könnte aus Mangel an Speise sogar zu sterben, wenn ich nur als ein Gläubiger stürbe. In soweit fand ich also Erhörung meines Gebethes, daß, noch ehe ich in Irland ankam, ich in meinem eigenen Gemüthe eine völlig beruhigende Ueberzeugung von der Wahrheit des Evangelii, an und für sich selbst betrachtet, und in Absicht auf die genaue Angemeßenheit deßelben zu allen meinen Bedürfnißen, erlangt hatte. Ich sahe durch die Art und Weise, wie ich mit denselben war bekannt worden, ein, daß Gott in der Vergebung der Sünde nicht nur seine Barmherzigkeit, sondern auch seine Gerechtigkeit um des Gehorsams und der Leiden Jesu Christi willen an den Tag legen könne. Meine Vernunft nahm mit Freuden damals die erhabene Lehre an: Gott offen-

offenbarete sich im Fleisch und versöhnete die Welt mit ihm selber. Die Lehrmeinungen, die dem Heylande keine höhere Würde, als die eines vorzüglich großen göttlichen Gesandten, oder, wenn es hoch kommt, eines halb Gottes einräumen, waren mir ganz und gar unbekannt. Ich sahe ein und fühlte, daß ich einen allmächtigen Heyland nöthig hatte, und einen Solchen fand ich in dem Neuen Testamente beschrieben. So weit hatte der Herr eine bewunderungswürdig große Veränderung bey mir hervorgebracht. Ich war nun nicht mehr ein Ungläubiger; Ich verläugnete von ganzem Herzen mein ehemaliges ungöttliches Wesen; Ich hatte einige richtige Einsichten erlangt, befand mich in einer ernsthaften Stimmung des Gemüthes, und mein Herz war von einer Erkenntniß der unverdienten Barmherzigkeit Gottes, die mir durch die Rettung aus so vielen Gefahren wiederfahren war, auf das kräftigste gerührt. Ich war sehr traurig darüber, daß ich die vergangene Zeit meines Lebens so übel zugebracht hatte, und nahm mir vor, ungesäumt mich zu beßern; Ich fand mich nicht weniger auch von der häßlichen Gewohnheit des Fluchens und Schwörens, die sich so tief bey mir eingewurzelt hatte, daß sie zur andern Natur bey mir geworden zu seyn schien, schon wirklich befreyt, so war ich denn nun allem Anscheine nach ein neuer Mensch.

Indessen war diese Veränderung, wiewohl ich nicht daran zweiflen kann, daß dieselbige, in soweit als sie bey mir die Oberhand behielt, wirklich durch den Geist und die Kraft Gottes war gewirkt worden, doch

doch in mehr denn einer Rückſicht noch immer ſehr
mangelhaft. Ich erkannte zwar meine grobe offenbare Sünden und war wohl nichts weniger als
gleichgültig bey denſelben, aber von den angebohr-
nen Verderbnißen meines Herzens hatte ich kaum
nur eine ſchwache Ahndung. Von der Geiſtlichkeit
und der Ausdehnung des Geſetzes Gottes wußte ich
gar nichts; das verborgene Leben eines Chriſten,
ſo wie es in einer Gemeinſchaft mit Gott durch Jeſum Chriſtum und einem unabläßigen Anhangen an
Ihm, um ſtündlich und augenblicklich neue Weisheit, Stärke und Troſt von Ihm mitgetheilt zu bekommen, beſtehet, war mir ein Geheimniß, von
dem ich noch nicht die geringſte Wiſſenſchaft hatte.
Dankbar nahm ich die Gnade des Herrn in der Vergebung des Vergangenen an, allein in Abſicht auf
das Zukünftige verließ ich mich hauptſächlich auf meine eigene Entſchließung, daß ich mich beßern wollte. Ich hatte keinen chriſtlichen Freund, keinen
redlichen Prediger, der mir mit ſeinem guten Rathe
zu Hülfe gekommen wäre und mich belehret hätte,
daß ich eben ſo wenig eigene Kraft als eigene Gerechtigkeit beſäße; Ob ich gleich bald anfing mich
nach guten Büchern umzuſehen, ſo verfiel ich doch
oft, weil ich noch nicht die Gabe einer geiſtlichen
Unterſcheidung hatte, auf eine verkehrte Wahl,
und ich erhielt auch keine Gelegenheiten evangeliſche
Predigten zu hören (jene wenige male ausgenommen, da ich ſie hörte ohne ſie zu verſtehen) oder mit
einſichtsvollen und frommen Freunden umzugehen,
als erſt in ſechs Jahren Zeit nach dieſer wichtigen
Periode meines Lebens. Es gefiel dem Herrn mir

jene

jene Dinge nur nach und nach zu entdecken. Ich
lernte bald hie ein wenig, bald da ein wenig von
denselben durch meine eigene schmerzliche Erfahrung,
in einer Entfernung von den gemeinen Mitteln und
Gelegenheiten zum öffentlichen Gottesdienste, und
bey einer Lebensart, wo ich immer von eben solchen
schlechten Gesellschaftern und schlechten Beyspielen
umgeben war, als ich selbst vor einiger Zeit abge=
geben hatte. Von diesem Zeitpunkte an konnte ich
nicht mehr mit der Sünde oder mit heiligen Dingen
Spott und Scherz treiben; Ich zog die Wahrheit
der heiligen Schrift nicht mehr in Zweifel, und eben
so wenig verlor ich auch ein Gefühl von den Vor=
würfen des Gewissens. Ich betrachte daher dieses
als den Anfang meiner Umkehr zu Gott oder viel=
mehr seines Umkehres zu mir. Allein ich kann nicht
behaupten, daß ich ein Gläubiger, (in dem vollen
Sinne des Wortes) als bis erst eine ziemliche Zeit
hernach, geworden sey.

Ich meldete Ihnen, daß wir zur Zeit unserer
grossen Noth frisches Wasser in Ueberfluß gehabt
hätten; das diente uns in unsern traurigen Umstän=
den zu einer sehr großen Erleichterung, besonders
da unsere sparsame Kost meistens in gesalzenem Fisch
ohne Brod bestund; wir tranken auch im Ueberfluß
und waren ganz und gar nicht befürchtet, daß wir
Mangel daran bekommen würden. Inzwischen war
doch auch unser Vorrath hievon weit näher zu Ende
gegangen, als wir uns vorgestellt hatten; wir wa=
ren in der Meinung, wir hätten sechs große Fäßer
mit Wasser am Bord gehabt, aber es war gewiß

gut,

gut, daß wir glücklich in Irland angelandet waren, noch ehe wir entdeckten, daß fünfe davon leer waren, indem sie durch die heftige Bewegung des Schiffes, zur Zeit da es voll Wasser war, von ihren Stellen verschoben und an einander geschlagen worden waren. Wenn wir dieses damals, da wir noch zur See waren, gefunden hätten, so würde dadurch unsere Noth und Elend sehr vergrössert worden seyn, weil wir alsdann sparsamer hätten trinken müssen.

Während dem das Schiff zu Lough Swilly ausgebessert wurde, verfügte ich mich nach Londonderry. — Ich logirte in einem sehr guten Hause, wo ich mit vieler Höflichkeit und Güte behandelt wurde und auch meine Gesundheit und Kräfte bald wieder erlangte. Ich war nunmehr ein aufrichtiger Bekenner Jesu Christi, gieng zweymal des Tags zur Kirche in die öffentliche Bethstunden und beschloß bey der nächsten Gelegenheit das Abendmahl des Herrn zu empfangen. Einige Tage vorher zeigte ich, so wie es die Kirchenordnung fordert, mein Vorhaben dem Prediger an; allein ich fand, daß dieser Gebrauch ganz abgekommen war. Endlich kam der Tag; Ich stund des Morgens sehr frühe auf — — war pünktlich und ernstlich in meiner Privatandacht und verpflichtete mich mit der größten Feyerlichkeit, auf ewig des Herrn zu seyn und zwar nur allein sein zu seyn. Dieses war auch kein leeres Cerimoniel, sondern eine redliche Uebergabe meiner selbst an den Herrn, welche mit einem warmen Gefühl von dem Werthe der Gnadenerweisungen, die ich ohnlängst erfahren hatte, verpaart war; und dennoch wurde ich

ich aus Mangel einer beßeren Erkenntniß meiner selbst, und der List des Satans bey seinen Versuchungen verleitet, die Gelübde, die ich Gott gethan und auf mich genommen hatte, wieder zu vergeßen. Im ganzen aber, obgleich meine Einsichten von der Seligkeit, die das Evangelium darbeut, nur sehr unvollständig waren, gewährte mir der Gebrauch des Gnadenmittels an dem Tage eine Beruhigung und ein Vergnügen, als ich bisher noch in meinem Leben nie geschmecket hatte.

Am folgenden Tage war ich mit dem Burgermeister von der Stadt und einigen andern Herrn heraus gegangen um zu schießen. Ich stieg einen jähen Hügel hinan, und indem ich meine Vogelflinte mir nachzog, die ich in einer senkrechten Richtung hielt, ging sie los, so nahe an meinem Gesichte, daß die Spitze von meinem Huth wegbrannte. — So sind wir, wenn wir uns in der größten Sicherheit zu seyn dünken, nicht weniger Gefahr ausgesetzt, als wenn alle Elemente sich zusammen verschworen zu haben scheinen, uns aufzureiben. Die göttliche Vorsehung, die allein im Stande ist uns zu helfen und zu retten, wenn wir uns in der äussersten Noth befinden, ist uns zu unserer Bewahrung eben so nöthig, wenn wir in der ruhigsten Lage leben.

Während unseres Aufenthaltes in Irland schrieb ich nach Hause. Man hatte achtzehn Monate lang von dem Schiffe, worauf ich war, nichts erfahren, und man hatte deswegen schon lange es gänzlich

H ver-

verlohren gegeben. Mein Vater erwartete gar nicht
mehr die Nachricht zu bekommen, daß ich noch am
Leben sey, allein er empfing meinen Brief noch einige wenige Tage ehe er London verließ. Es war
eben da er als Gouverneur von der Festung York
auf der Hudsons Rhede abreisen wollte, von wan-
nen er nie wieder zurückkehrte. Er segelte weg noch
ehe ich in England anlandete, sonst hatte er sich
vorgenommen mich mit zu nehmen; Allein da Gott
es anders beschloßen hatte, so hielt uns in Irland
das eine und das andere Hinderniß so lange auf,
bis es zu spät war. Ich erhielt zwey bis drey sehr
zärtliche Briefe von ihm, aber ich hatte nie das
Vergnügen ihn wieder zu sehen. Ich hatte Hofnung, daß ich in Zeit von drey Jahren eine Gelegenheit bekommen würde, ihn wegen der Bekümmerniß, die ich ihm durch meinen Ungehorsam ver-
ursachet hatte, um Verzeihung zu bitten; allein das
Schiff, welches ihn sollte nach Hause gebracht haben, kam ohne ihn. So viel als wir haben erfahren können, so überfiel ihn, als er sich badete,
der Krampf und er ertrank kurz vor der Ankunft des
Schiffes auf der Rhede. — Vergeben Sie mir
diesen Umschweif.

Mein Vater, der geneigt war alles so viel nur
in seinem Vermögen stund zu meiner Zufriedenheit
beyzutragen, stattete vor seiner Abreise bey meinen
Freunden in Kent einen Besuch ab, und gab seine
Einwilligung zu der Vereinigung, von der schon so
lange gesprochen worden war. Demnach fand ich,
als ich wieder zu ——————— hinkam, daß ich mich

nur

nur noch um die Einwilligung einer einzigen Person
zu bewerben hatte, in Absicht auf welche ich noch
immer in eben so großer Ungewisheit mich befand,
als ich an dem ersten Tage war, da ich sie sahe.

Ich kam zu — — — — an, zu Ende des May-
monats 1748, ungefehr an dem nemlichen Tage,
da mein Vater von der Nore *) gesegelt war, fand
aber, daß die gütige Vorsehung einen andern Vater für mich an dem Herrn, dessen Schiff mich nach
Hause gebracht hatte, ausersehen habe. Er nahm
mich mit der größten Zärtlichkeit, und den stärksten
Versicherungen, daß er mein Freund sey und mir
wo er nur könne helfen wolle, auf; doch versprach
er mir nicht mehr als er seit der Zeit auch wirklich
gehalten hat, denn ihm, als dem Werkzeuge der
Güte Gottes, habe ich mein ganzes irdisches Glück
zu danken. Indessen würde es in der Macht auch
dieses Freundes nicht gestanden haben, mir thätige
Dienste zu erweisen und mein Glück zu befördern,
wenn der Herr mir nicht auf meiner Heimreise, so
wie ich schon erzählt habe, mit seiner Gnade zuvor-
gekommen wäre. Bis zu der Zeit war ich dem
Menschen gleich der mit einer Legion besessen war.
— — — Keine Gründe, keine Versprechungen,
keine Betrachtung meines eigenen Vortheils, keine
Zurückerinnerung an das Vergangene, und keine
Hinsicht auf das Zukünftige hatten so viele Gewalt
über mich gehabt, daß ich nur dadurch in den
Schran-

*) Letzter Seehaven in England.
Anmerk. des Uebers

Schranken der gemeinen Klugheit gehalten worden
wäre. Allein jetzt war ich so einigermaßen wieder
zu meinem Verstande gekommen. Mein Freund
bot mir sogleich das Commando eines Schiffes an;
allein nach reiferer Ueberlegung lehnte ich es für jetzt
noch von mir ab. Ich war bisher immer flatterhaft
und unbedachtsam gewesen, und daher hielt ich es
für das Beßte, erst noch eine Seereise zu machen,
um theils gehorsam zu seyn zu lernen, theils auch
mir mehr Kenntniß und Erfahrung von Geschäften
zu erwerben, ehe ich es wagte, einen so wichtigen
Posten zu übernehmen. Dem Gehülfen des Capitains, von dem Schiffe, worin ich nach Hause
gekommen war, wurde das Commando eines neuen
Schiffes übertragen, und ich machte mich verbindlich
in dem Rang eines Gehülfen mit ihm zu reisen.
Ich machte einen kurzen Besuch zu London u. s. w.,
der aber meinen Absichten nicht gänzlich entsprach.
Ich hatte nur einmal Gelegenheit Jgfr. ****** zu
sehen, die ich mir nur sehr wenig zu Nuße machte,
denn ich war immer darin ausnehmend ungeschickt,
viva voce d. i. in eigener Person und mündlich,
meine eigene Sache zu betreiben. —— Aber
nach meiner Wiederkunft zu L—, richtete ich in einem Briefe die Frage so ein, daß sie (es sey denn
daß ich mich sehr an ihr versehen hätte) gar nicht
umhin konnte, einigermaßen wenigstens eine Erklärung von sich zu geben. Ihre Antwort (wiewohl
sie in der That recht schlau und behutsam von ihr
aufgesetzt war, befriedigte mich), da ich daraus ab-
nehmen konnte, daß sie von jedem anderen Ver-
löbniße frey, und nicht abgeneigt war es abzuwarten,

ten, wie die Reise, die ich unternommen hatte, ablaufen würde. Ich würde mich wirklich schämen, mit diesen so in das kleine fallenden umständlichen Erzählungen Ihnen beschwerlich zu seyn, wenn Sie es nicht selbst von mir begehret hätten. Ich bin

Januar .20.   Ihr u. s. w.
1763.

Zehnter Brief
Seereise nach Afrika.

Hochgeehrtester Herr!

Meine Bekanntschaft mit dem Seewesen hat oft den Gedanken bey mir veranlaßt, daß die mannigfaltige Verschiedenheiten und Abwechselungen, die ein Christ in seinem Leben und Wandel erfährt, füglich sich durch die Umstände einer Seereise erläutern laßen mögten. Stellen Sie sich einmal vor, daß eine gewisse Anzahl von Schiffen zu verschiedenen Zeiten und von verschiedenen Oertern nach ein und eben denselben Haven abführen. Es geben nun freilich einige Dinge, worin alle diese Schiffe mit einander übereinkommen würden. ––––– Der Compaß wornach gesteuert werden müßte, der Haven, worauf es abgesehen seyn würde, die allgemeine

meine Regeln der Schiffahrtswissenschaft, sowohl in Absicht auf die Regierung des Schiffes selbst, als auch in Absicht auf die astronomischen Beobachtungen, wornach man sich richten müßte, würden auf allen den Schiffen einerley seyn. In manchem anderen Betrachte würden sie aber sehr von einander verschieden seyn; vielleicht würden keine zwey von denselben eine gleiche Vertheilung der Winde und des Wetters erfahren. Einige würden Sie mit einem frischen recht günstigen Winde in die See auslaufen sehen, aber siehe da! wenn diese meynen, sie würden nun bald ihre Reise glücklich zurückgelegt haben, so werden sie von widrigen Sturmwinden aufgehalten, und, nachdem sie viele Beschwerden und Gefahren ausgestanden, und oft nicht anders glauben konnten als daß sie Schiffbruch leiden würden, entrinnen noch so eben nur zu genauer Noth und erreichen den gewünschten Haven. Andere haben mit den größten Schwierigkeiten gleich zu Anfang zu kämpfen; sie fahren in einem Sturme ab, werden oft wieder zurückgeschlagen; endlich aber geht ihre Reise gut und glücklich von statten und sie kommen mit einer πληροφορια mit einer reichen und über großen Ladung sicher in den Haven an. Einigen wird von Seeräubern und Feinden hart zugesetzt, so daß sie sich genöthiget finden, sich auf ihrem Wege überall durchzuschlagen. Wieder anderen begegnet wenig wichtiges auf ihrer ganzen Reise. Verhält es sich nun wohl nicht eben so in dem geistlichen Leben? Alle wahre Gläubige wandlen nach einer und eben derselbigen Regel, und nehmen die nemliche Sachen in Obacht. Das Wort Gottes ist

ihr

ihr Compaß, Jesus ist sowohl ihr Polar-Stern als
auch ihre Sonne der Gerechtigkeit, ihre Herzen und
ihre Angesichten sind alle nach Zion hingerichtet.
So weit sind sie alle gleich, wie ein Leib und von einem Geiste belebet; und doch sind ihre Erfahrungen,
sie mögen sich noch so sehr nach diesen gemeinschaftlichen
Grundsätzen richten, bey weitem nicht gleichförmig.
Der Herr nimmt bey seiner ersten Berufung und
seinen nachfolgenden Führungen Rücksicht auf die
Lebensart, das Temperament und die natürliche
Fähigkeiten und Gaben eines jeden, wie nicht weniger auch auf die besondere Dienste oder Prüfungen,
wozu er sie bestimmt hat. Wiewohl sie alle zuweilen
auf die Probe gestellt werden, so legen doch einige
ruhiger und leichter die Seereise dieses Lebens zurück
als andere. Aber Er, der auf den Fittigen des
Windes daher fähret und die Wasser in seiner
hohlen Hand misset wird nicht zugeben, daß nur
einer von denen, für welche zu sorgen und welche
zu beschützen er einmal über sich genommen hat, in
den Stürmen umkomme, obgleich es mit vielen dazu kommen mag, daß sie für eine Zeitlang bereit
sind alle Hofnung aufzugeben.

Wir dürfen daher die Erfahrungen anderer nicht
in aller Absicht zu einer Regel für uns selbst, oder
unsere eigene Erfahrung zu einer Regel für andere
machen; und dennoch sind eben dieses sehr gewöhnliche Fehler, und Fehler, aus welchen wieder viele
andere Fehler entspringen. Was mich selbst anbetrift, ist jeder Umstand bey mir ausserordentlich gewesen. — — — Es ist mir fast kein Beyspiel vor-
ge-

gekommen, das mit meinem Aehnlichkeit gehabt hätte. Wenige, sehr wenige sind aus einem so erschröcklichen Zustande wie ich errettet worden; und die Wenige, denen so große Gnade wiederfahren ist, haben die schwerste Kämpfe durchgehen müßen, und nachdem Ihnen der Herr Seelenfrieden verliehen hatte, ist gemeiniglich ihr nachfolgendes Leben weit eifriger, glänzender, und exemplarischer wie gewöhnlich gewesen. Nun waren bey mir, so wie auf der einen Seite meine Kämpfe sehr leidentlich, und bey weitem nicht so beängstigend, als man wegen der schröcklichen Prüfung meines vorigen Lebens, die ich vorzunehmen hatte, hätte vermuthen sollen, auch auf der andern Seite meine Anfänge in einem gottseligen Wandel so matt, als man sich nur vorstellen kann. Es fand sich nie bey mir die besondere Zeit, die gewöhnlich die Zeit der ersten Liebe genennet wird und worauf gezielt wird Jerem. 2, 2. — Ich gedenke da du eine freundliche junge Dirne und eine liebe Braut warest; Da du mir folgetest in der Wüsten, im Lande, da man nichts säet, und Offenb. 2, 4. Ich habe wieder dich, daß du die erste Liebe verläßest. Wer sollte wohl nicht erwarten von mir zu erfahren, daß nach einer so wunderbaren und unverhosten Errettung, die mir wiederfahren war und nachdem meine Augen einigermaßen erleuchtet worden waren, die Dinge in ihrem rechten Lichte zu sehen, ich mit völliger Beystimmung meines Herzens, sogleich fest dem Herrn und seinen Wegen würde angehangen haben, und daß ich mich nicht mehr mit Fleisch und Blut darüber besprochen haben würde? Aber ach leider verhielt es sich mit

mir

mir ganz anders; Ich hatte bethen gelernt, ich schätzte einigermaßen das Wort Gottes hoch und war kein Freygeist mehr, aber meine Seele klebte doch noch immer am Staube. Bald nach meiner Abreise von L— — —, fing ich an lau und träge in dem Umgange mit dem Herrn, im Gebethe und der Betrachtung seines Wortes zu werden; ich wurde eitel und leichtsinnig in meinem Wandel, und wiewohl ich oft Gewissensschläge darüber empfand, so war doch meine Kraft und mein Eifer dahin und ich nahm sehr geschwinde im Guten ab; Ja! mitlerweile daß wir zu Guinea ankamen, schien ich alle die Erweisungen der Barmherzigkeit und Gnade Gottes, die ich erfahren und alle die gute Vorsätze, die ich gefaßt hatte, vergeßen zu haben, und war (offenbare Lasterhaftigkeit ausgenommen) beynahe so schlimm als ich vorher gewesen war. Der Feind bereitete mir eine Reihe von Versuchungen und ich wurde ganz leicht seine Beute; ungefehr einen Monat lang schläferte er mich auch so sehr ein, daß ich einen so schlechten Lebenswandel führte, als ich mich, wenige Monate vorher, gar nicht mehr fähig zu seyn geglaubt hätte. Wie viele Ursache hat der Apostel zu der Ermahnung Hebr. 2, 13. Hütet euch, daß nicht jemand unter euch verstocket werde, durch Betrug der Sünde. O! wer kann wohl genug auf seiner Huth seyn! Die Sünde betrüget zuerst, und hernach verstocket sie. Ich war jetzt wie in Ketten gefeßelt; ich hatte nur wenig Verlangen und gar keine Kraft mich davon zu befreyen. Ich konnte jezuweilen freilich nicht anders als Ueberlegungen darüber anstellen, wie es doch mit mir stehe; aber wenn

wenn ich es auch versuchte, dawider zu kämpfen, so war es doch vergebens. Ich war gerade wie Simson, da er sagte, Richter 16, 20. Ich will ausgehen, wie ich mehrmal gethan habe, ich will mich ausreißen. Aber der Herr war von ihm gewichen, und er fand sich hülflos in den Händen seiner Feinde. Durch die Zurückerinnerung an diese Zwischenzeit, hat mich der Herr seitdem oft belehret, was für ein armseliges Geschöpf ich an mir selbst bin und wie unvermögend ich bin nur eine einzige Stunde festzustehen, ohne beständigen neuen Ersatz an Stärke und Gnade aus der ersten Quelle zu erhalten.

Endlich legte sich der Herr, der unendlich reich an Gnade und Barmherzigkeit ist, zu meinem Beßten ins Mittel. Mein Geschäft auf dieser Seereise war, so lange wir uns an der Küste befanden, in dem langen Schiffsboote von einem Orte zum andern zu segeln um Sklaven einzuhandlen. Das Schiff war damals zu Sierra Leon und ich hielt mich auf den Plantanes auf, dem Schauplatze meiner ehemaligen Gefangenschaft, wo jeder Gegenstand, der mir zu Gesichte kam, mich wohl hätte an meine ehemalige Undankbarkeit erinnern mögen. Ich befand mich in ruhigen äusserlichen Umständen, diejenige, die vormals mich verachtet hatten, bewarben sich nun um meine Gunst; die Citronenbäume, die ich gepflanzt hatte, waren schon ziemlich hoch gewachsen und versprachen das folgende Jahr Früchte, gegen welche Zeit ich die Erwartung hatte, mit einem eigenen Schiffe wieder dahin zu kommen. Aber keines

von

von allen diesen Dingen rührete mich, bis, wie ich schon angemerkt habe, der Herr sich aufs neue ins Mittel legte um mich zu erretten. Er suchte mich mit einem sehr heftigen Fieber heim, welches die unseelige Kette, die mich feßelte, zerbrach, und mich noch einmal wieder zu mir selbst brachte. Aber o was für ein Anblick! Es war mir jetzt, als wenn ich auf einmal vor den Richterstuhl Gottes wäre vorgefodert worden —— Meine ehemalige Gefahren und die Errettung aus denselben, meine ernstliche Gebethe zur Zeit der Noth, meine feyerliche Gelübde, die ich an dem Tische des Herrn gethan hatte, und meine undankbare Erwiederungen aller seiner Güte, das alles vergegenwärtigte sich auf einmal meinem Gemüthe. Da fieng ich nun an zu wünschen, daß der Herr es doch zugelassen haben mögte, daß ich in dem großen Weltmeere ertrunken wäre, als ich zuerst seine Barmherzigkeit anflehte. Eine kurze Zeitlang bildete ich mir ein, daß die Gnadenthüre nun ganz vor mir verschloßen seyn müßte; jedoch wåhrte dieses nicht sehr lange. Schwach und beynahe unsinnig stand ich von meinem Bette auf und schlich zu einem abgelegenen Theile der Insel hin; hier fand ich nun eine erneuerte Freymüthigkeit zu bethen. Ich durfte es nicht wagen neue Vorsätze zu faßen, oder Versprechungen zu thun, sondern warf mich vor dem Herrn nieder und bat ihn, daß er es mit mir machen mögte wie es ihm gefiele. Ich erinnere mich nicht, daß irgend eine besondere Schriftstelle, oder sonst irgend eine merkwürdige Entdeckung sich meinem Gemüthe aufgedrungen hätte; allein überhaupt genommen erlangte ich das Vermögen,

gen, auf einen gekreuzigten Heiland meine Hofnung zu setzen und an ihn zu glauben. Die Last, die auf meinem Gewissen lag, wurde mir abgenommen, und nicht nur mein Seelenfriede, sondern auch meine Gesundheit ward mir wieder hergestellt, und zwar so geschwinde, daß ich, da ich zwey Tage hernach wieder aufs Schiff ging, noch ehe ich an Bord desselben kam, mich vollkommen gesund fand. Von der Zeit an bin ich auch, wie ich nicht anders weiß, von der Macht und der Herrschaft der Sünde befreyet geblieben; wiewohl in Absicht auf die Wirkungen und Kämpfe, die von der inwohnenden Sünde herrühren, ich noch immer unter einer Last die mich drücket seufze. Jetzt fing ich wieder an, fleißig zu dem Herrn zu bethen, und obgleich ich oft seit der Zeit seinen Geist betrübet und thörichter Weise mich von ihm verirret habe, (wenn! ach wenn werde ich doch weiser seyn!) so hat doch seine mächtige Gnade mich bisher vor solchen schändlichen Abweichungen, wie diese war, von der ich zuletzt erzählet habe, bewahret, und ich habe das demüthige Vertrauen zu seiner Barmherzigkeit und seinen Verheißungen, daß er auch mein Führer und mein Beschützer bis ans Ende seyn werde.

Die Stunden, die mir auf dieser Seereise von meinen Berufsgeschäften übrig blieben, wurden von mir hauptsächlich zur Erlernung der lateinischen Sprache, die ich jetzt gänzlich wieder verlernt hatte, angewandt. Die Lust hiezu wurde in mir rege durch eine Nachahmung einer Ode des Horaz, die mir in einer Monatsschrift zu Gesichte gekommen war.

Ich

Ich hatte, als ich diese Unterhaltung anfing, mit den größesten Schwierigkeiten, die nur zu erdenken sind, zu kämpfen; denn ich erwählte zu meinem ersten Buche einen Dichter, und zwar einen Dichter, der vielleicht unter allen der schwerste zu verstehen ist, den Horaz. Ich hatte eine alte Uebersetzung von diesem Buche irgendwo einmal bekommen, diese und denn auch Castellios lateinische Bibel waren meine einzige Hülfsmittel. Ein lateinisches Wörterbuch hatte ich vergeßen mitzunehmen, allein ich wollte deswegen meinen Vorsatz doch nicht aufgeben. Ich besaß die Ausgabe in usum Delphini und durch Vergleichung der Oden mit der Uebersetzung, wie auch dadurch, daß ich die Bedeutung der Worte, theils aus dem Inhalte, theils auch aus der lateinischen Bibel so gut als es hieraus möglich war, zu erforschen suchte, lernte ich eine Stelle nach der andern verstehen; Auf diese Weise, bey Anwendung sehr vieler Mühe und angestrengten Fleißes, so daß ich oft wachte, wenn ich hätte schlafen mögen, hatte ich es, noch ehe ich von der Reise wieder zurückkam, schon ziemlich weit gebracht, und verstund nicht nur den Sinn und die Meinung vieler Oden und einiger von den Briefen, sondern fing auch an, einen Geschmack an den Schönheiten der Einkleidung und Wortfügung zu finden, und erwarb mir so etwas von dem, was Herr Law glaßischen Enthusiasmus, oder ein besonderes Verliebtseyn in die Zierlichkeiten der Sprache und des Ausdrucks nennt. In der That ward mir der Horaz auf diese Weise noch viel geläufiger, als er einigen, die Meister von der lateinischen Sprache sind, seyn mag; denn meine
Hülfs-

Hülfsmittel waren so wenige, daß ich gemeiniglich die Stelle schon ganz in mein Gedächtniß gefaßt hatte, noch ehe ich den Sinn derselben völlig verstehen konnte.

Meine Berufsgeschäfte in dem langen Schiffsboote, die acht Monate über, die wir uns an der Küste aufhielten, setzten mich unzählig vielen Beschwerden und Gefahren aus, theils auf dem Wasser wegen der brennenden Sonnenhitze und den kalten Thauen, den Winden, Regengüßen, und den mit heftigen Stürmen begleiteten Donnerwettern, da wir uns in einem ganz offenen Boote befanden, theils auch auf dem Lande wegen der langen Tagreisen, die wir durch die Wälder machen mußten und wegen der Gesinnung der Eingebohrnen, die an vielen Orten grausam, treulos, und auf Gelegenheiten Schaden zu thun wachsam sind. Es wurden mehrere Boote zu der Zeit von ihnen abgeschnitten, verschiedene weiße Menschen vergiftet, und in meinem eigenen Boote waren sechs oder sieben Leute, die an Fiebern starben, und die ich begraben mußte. Indem wir in ihren kleinen Canoes ans Land fuhren, oder wieder vom Lande zurückkehrten, bin ich mehr denn ein oder zweymal von der Gewalt der Schäumung des Meeres oder der ans Ufer anschlagenden Wellen umgeworfen und halb todt ans Land gebracht worden, (denn schwimmen konnte ich nicht.) Ich könnte wohl einige Bogen Papier damit anfüllen; wenn ich eine ausführliche Nachricht von allen dergleichen glücklichen Entrinnungen, deren ich mich noch zu erinnern weiß, aufsetzen wollte, und wie viele mag ich wohl nicht vielleicht vergeßen haben;

Ich

Ich will von allen nur einen Vorfall herausnehmen, der gewis zu einem augenscheinlichen Beweise von der wunderbaren Vorsehung, die über mich zu meinem Beßten wachte dienet, und den Sie auch, woran ich gar nicht zweifele, Ihrer Aufmerksamkeit nicht unwerth achten werden.

Als wir unser Handlungsgeschäft beendiget hatten, und wir bald nach den Westindien abseglen wollten, so war das einzige, was ich jetzt noch zu thun hatte, daß ich mithelfen mußte in dem Boote das Holz und das Wasser vom Lande an das Schiff zu bringen. Wir befanden uns damals zu Rio Sestors. Ich pflegte des Nachmittags mit dem Seewinde in den Fluß hineinzufahren, meine Ladung des Abends zu besorgen, und des Morgens mit dem Landwinde wieder an Bord des Schiffes zurückzukehren. Mehrere dieser kleinen Wasserreisen hatte ich schon abgemacht, allein das Boot war alt und beynahe unbrauchbar worden. Diese Verrichtung selbst war gleichfals beynahe vollendet. Eines Tages, nachdem ich an Bord des Schiffes zu Mittag gespeißt hatte, machte ich mich, wie ich sonst gethan hatte, fertig um wieder nach dem Fluße hinzufahren; Ich hatte schon von dem Capitain Abschied genommen, seine Aufträge empfangen, war schon in dem Boote ganz fertig und so eben im Begriff abzusetzen, wie wir es zu nennen pflegten, das ist, die Stricke fahren zu laßen, und von dem Schiffe weg zu seglen. In dem Augenblick kam der Capitain aus der Kajütte herauf, und rief mir zu, daß ich wieder aufs Schiff kommen sollte. ——— Ich

that

that es, indem ich erwartete weitere Aufträge von ihm zu erhalten; allein er sagte weiter nichts, als daß er sichs im Sinn gefaßt hätte, (wie er es nennte) daß ich für diesmal auf dem Schiffe bleiben sollte, und trug es daher einem andern Menschen auf an meiner Stelle ans Land zu gehen. Ich verwunderte mich hierüber, da das Boot kein einzigesmal vorher ohne mich war weggeschickt worden und fragte ihn daher nach der Ursache; allein er konnte keine andere Ursache angeben, als die ich schon vorhin angeführt habe, und daß er es nun einmal so haben wollte. Dem zufolge fuhr also das Boot ohne mich weg, aber kehrte nie wieder zurück. Es sank die Nacht in dem Fluß, und der Mensch der meine Stelle ersetzte, ertrank. Ich war nicht wenig darüber erstaunt und gerührt, da wir Morgens darauf, die Nachricht von diesem Vorfalle erhielten. ——— Der Capitain selbst, ob er gleich gar keine Religion hatte, so daß er auch sogar eine besondere Vorsehung Gottes läugnete, konnte sich doch nicht enthalten, etwas besonderes hierin zu finden; Er betheuerte aber, daß er zu der Zeit keine andere Ursache gehabt hätte, warum er mich zurückgefodert hätte, als daß es ihm plötzlich so eingefallen sey, er wollte mich bey sich behalten. ——— ——— Ich verwundere mich darüber, daß ich in meinen acht Briefen diesen Umstand ausgelaßen habe, da ich ihn immer für einen der ausserordentlichsten Begebenheiten meines Lebens gehalten habe. Ich bin

Hochgeehrtester Herr

Januar 21.   Ihr ergebenster Diener.
1763.   Eilf-

Elfter Brief

Seereise nach Antigua, Wiederkunft zu England, und Verheyrathung.

Hochgeehrtester Herr!

Einige Tage nachher, wie ich auf eine so wunderbare Weise von einer unvorhergesehenen Gefahr errettet worden war, segelten wir nach Antigua, und von da setzten wir unsere Reise nach Carlsstadt in Südcarolina weiter fort. An diesem Orte geben es viele redliche und fromme Leute, allein ich mußte sie nicht ausfindig zu machen. In der That glaubte ich auch nicht, daß ein Unterschied unter ihnen wäre, sondern bildete mir ein, daß alle, die den öffentlichen Gottesdienst abwarteten, gute Christen seyen. Eben so wenig Verstand hatte ich auch von Predigen, ich zweifelte gar nicht daran, daß alles, was nur von der Kanzel käme, gut und fürtreflich seyn müße. Ich hatte zwey oder dreymal Gelegenheit einen Prediger von den Dissenters, *) Namens Schmith zu hören, der, nachdem zu urtheilen

---

*) Dissenters nennen sich auch sonst Nonconformisten oder Puritaner, weil sie sich einer größeren Reinigkeit und Lauterkeit des Gottesdienstes, als bey der englischen bischöflichen Kirche zu finden sey, rühmen. **Anmerk. des Uebers.**

len was ich seit der Zeit von ihm erfahren habe, wohl ein fürtreflicher und kraftvoller Prediger des Evangelii muß gewesen seyn; und es war auch wirklich in seiner Art zu predigen etwas, das mein Herz rührte; allein ich verstund ihn doch nicht recht. Die beßte Worte, die Menschen hervorbringen können, bleiben ohne Wirkung, bis sie durch den Geist Gottes, der allein das Herz eröfnen kann, verständlich gemacht und zugeeignet werden. Es gefiel dem Herrn, daß ich für eine Zeitlang keine weitere Kenntniße erlangen sollte, als nur die, die ich nach dem Vermögen, das er mir dazu mittheilte, aus meiner eigenen Erfahrung und durch eigenes Nachdenken mir sammelte. Mein Wandel war jetzt sehr widersprechend. — Fast alle Tage pflegte ich, wenn es mir meine Geschäfte erlauben wollten, in die Gebüsche und auf die Felder allein hin zu spatziren, (denn diese, wenn sie in der Nähe waren, sind immer meine Lieblings Bethörter gewesen,) und wie ich nicht anders weiß, fing ich an die Annehmlichkeiten der Gemeinschaft mit Gott in den Uebungen des Gebeths und der Lobpreisung zu schmecken, aber nichtsdestoweniger brachte ich die Abende in eitelen und nichtswürdigen Gesellschaften zu; zwar hatte in der That meine Neigung zu weltlichen Belustigungen sehr abgenommen, und ich war mehr ein Zuschauer als ein Theilnehmer an ihren Vergnügungen, aber ich sah denn doch auch noch nicht die Nothwendigkeit einer gänzlichen Entfernung von denselbigen ein. Indessen, da meine Bequemung zu den Gewohnheiten und Gesellschaften, die mir in den Weg kamen, hauptsächlich dem

Mangel

Mangel an Lichte zuzuschreiben war, so war dieser Mangel wenigstens weit mehr schuld daran, als eine hartnäckige Anhänglichkeit an dieselbige, und da es dabey dem Herrn gefiel mich vor dem, was ich für sündlich erkannte, zu bewahren, so genoß ich meistentheils Frieden in meinem Gewissen, und meine heftigste Begierden waren auf göttliche Dinge gerichtet. Bis jetzt sahe ich noch nicht das Gewicht des Gebotes ein, Thessal. 5, 22. Meidet allen bösen Schein, sondern wagte mich sehr oft geradezu in die Versuchung; Inzwischen bewieß sich der Herr bey meiner Schwachheit gnädig: und wollte dem Feind nicht zugeben über mich den Sieg davon zu tragen. Ich riß mich nicht auf einmal von der Welt los, (welches man nach meinen Umständen hätte von mir erwarten sollen,) sondern ich wurde allmählig dahin gebracht, daß ich die Unschicklichkeit und Thorheit einer Sache nach der anderen einsehen lernte, und sobald ich sie einsahe, stärkte mich der Herr solche Sachen fahren zu laßen. Allein es währete einige Jahre, bis ich von gelegenheitlichen Willfährigkeiten zu Dingen, die ich mir jetzt durchaus nicht erlauben darf, gänzlich befreyet wurde.

Wir legten unsere Seereise endlich glücklich zurück, und kamen zu L—— an. Sobald unsere Schiffsangelegenheiten in Richtigkeit gebracht waren, reiste ich nach London, und von da aus (wie Sie sich leicht vorstellen können,) verfügte ich mich bald nach Kent. Es waren nunmehr seit dem ersten Besuch, den ich daselbst abgelegt hatte, mehr denn sieben Jahre verflossen. —— —— Meine Aussich-

ten waren damals so romanhaft und hatten so viele Unwahrscheinlichkeit vor sich gehabt, als nur je Aussichten von der Art haben konnten; inzwischen wurde ich doch durch die alles wohlmachende Güte Gottes, während dem ich mich selbst ganz überlaßen zu seyn schien, und blindlings meinen eigenen halsstarrigen Leidenschaften folgte, von einer Hand, die ich nicht kannte, zu der Erfüllung meiner Wünsche hingeleitet. Jedes Hinderniß war jetzt aus dem Wege geräumt. Ich hatte mich meiner ehemaligen Thorheiten gänzlich entsagt, hatte mein gewisses gutes Auskommen und da auch alle Freunde von beyden Seiten in unsere Verlöbniß einwilligten, so hatten wir jetzt die Sache blos allein unter uns selbst noch auszumachen, und diese wurde nach dem was vorgegangen war, leicht zu Stande gebracht. —
— Dem zufolge wurden wir den ersten Februar 1750 wirklich ehelich zusammen gegeben.

Die Zufriedenheit die ich in dieser ehelichen Verbindung gefunden habe, ist, wie Sie leicht denken können, sehr durch das Andenken an die ehemalige große Wiederwärtigkeiten, die ich ausgestanden hatte, und durch die Spuren von der Gnade und Vorsehung des Herrn, die ich in der Zustandebringung derselben deutlich habe sehen können, vermehret worden. Wenn Sie nur belieben auf den Anfang meines sechsten Briefes (Seite 69.) zurückzusehen, so werden Sie, wie ich nicht zweifle, mir gerne einräumen, daß es wenige Menschen geben, die mehr so wohl von dem Elende und von der Unvollkommenheit, als auch von der Glückseligkeit, die in

dem

dem gegenwärtigen Leben (an sich betrachtet) möglich ist, erfahren haben, als ich. Wie leicht hätte es seyn mögen, daß, zu der damaligen Zeit meines Lebens, da ich so wenig im Stande war eine Sache reiflich zu überlegen, (es hätte nur etwas über die siebenzehn Monate anstehen dürfen,) meine Neigungen eine solche Wendung bekommen hätten, daß keine Rückkehr mehr möglich gewesen wäre, oder daß das Glück mir ganz ungelegen gekommen und ein schweres Leiden für mich gewesen seyn würde. Die lange Verzögerung war gleichfals eine große Gnade Gottes; denn wäre es mir bey der Sache ein oder zwey Jahre früher gelungen, noch ehe es dem Herrn gefiel mein Herz zu verändern, so hätte es gar nicht anders seyn können, als daß wir beyde, selbst schon in Absicht auf dieses gegenwärtige Leben, unglücklich gewesen wären. Wahrlich Barmherzigkeit und Güte sind mir gefolgt all mein Lebenlang!

Aber ach leider! ich fing bald an zu empfinden, daß mein Herz noch immer hart und undankbar gegen Gott den Herrn meines Lebens, den Regierer meiner Schicksale war. Diese ausnehmende Wohlthat, mit der mir alles zutheil wurde, was ich in Absicht auf das Irrdische nur begehren oder mir wünschen konnte, und die der kräftigste Antrieb zum Gehorsam und zur Lobpreisung Gottes für mich hätte seyn sollen, hatte bey mir eine entgegengesetzte Wirkung. — Ich begnügte mich mit der Gabe und vergaß des Gebers. Mein armes niedrig denkendes Herz war ganz befriediget. — Eine kalte, und sorglose Gemüthsfaßung in Absicht auf geistliche Dinge stellte sich bey mir ein und nahm täglich immer mehr und mehr bey mir zu. Es war noch ein Glück für mich, daß es gerade dem Sommer zu ging, und im Monat Juni erhielt ich die Nachricht, daß ich mich nach L — — — — hinverfügen müßte. Dieses weckte mich auf einmal aus meinem Traume auf; Sie werden sich wohl von selbst leicht vorstellen können, daß ich jetzt völlig in gleichem Maaße die Schmerzen des Abschiedes und der Trennung empfand, in welchem ich mein vorhergehendes Vergnügen empfunden hatte. Das Scheiden kam mir hart, sehr hart an, zumal da mein Gewissen mir nichts Gutes ahnden ließ, und mir sagte, wie wenig ich es verdiente, daß wir erhalten würden um gesund und wohl wieder zusammen zu kommen. — — Allein der Herr unterstützte mich hiebey — — — Ich war ein armes, schwaches, abgöttisches Geschöpf, allein ich kannte jetzt doch einigermaßen den Weg des Zutrittes zu dem Thron der Gnade durch das Blut Jesu, und ich erlangte bald wieder Frieden in meinem Gewissen. Inzwischen waren denn doch meine unordentliche und ausschweifende Neigungen, die ganze folgende Seereise über, mir wie Dornen in meinen Augen und machten oft andere Seegnungen, die mir zutheil wurden, schmacklos und widrig. Aber Er, der alles wohl machte, regierte auch dieses zu meinem Beßten. Es wurde eine Veranlaßung, die mich zum Gebethe für sie so wohl als auch für mich selbst ermunterte; Es vermehrte meine Gleichgültigkeit gegen Gesellschaften und Ergötzlichkeiten; Es gewöhnte mich zu einer Art von

von freywilliger Selbstverläugnung, die ich hernach
zu einem beßeren Endzweck benutzen lernte.

So lange ich mich noch in England aufhielt,
schrieben wir jeden Posttag an einander; und die
ganze Zeit über die ich nachher auf der See zubrach-
te, hielt ich mich noch immer daran, daß ich zwey
oder dreymal die Woche (wenn das Wetter und
meine Geschäfte es mir erlaubten) schrieb, obgleich
sich sechs bis acht Monate lang keine Gelegenheit
fand, die Briefe an sie abzuschicken. Meine Pa-
quetchen waren also gemeiniglich ziemlich groß, und
da keines von denselben auch nicht ein einzigesmal
verlohren ging, so habe ich noch von dem damaligen
Briefwechsel beynahe zwey hundert Bogen Papier
in meinem Schreibpulte liegen. Ich führe diese
kleine Erleichterung die ich erfand um mir die Zeit
der Abwesenheit erträglich zu machen an, weil sie
gegen meine erste Absicht und Erwartung einen großen
Nutzen für mich hatte. Sie verschafte mir eine
Fertigkeit über eine große Mannigfaltigkeit von Ma-
terien zu denken und zu schreiben, und ich erwarb
mir dadurch unvermerkt eine größere Geschicklichkeit
mich gehörig auszudrücken, als ich sonst auf irgend
eine Weise würde erlangt haben. So wie ich es
in meiner Religionserkenntniß immer weiter brachte,
so wurden auch meine Briefe immer ernsthafter und
bisweilen schöpfe ich noch Nutzen daraus wenn ich
sie durchsehe, besonders da sie mich an so viele Proben der göttlichen Vorsehung und an den Zustand
meines Gemüthes zu verschiedenen Zeiten auf dieser
Seereisen erinnern, die sonst meinem Gedächtniße
würden entgangen seyn.

J 4 Ich

Ich segelte von L —————— im August 1750, als Befehlshaber eines guten Schiffes. Ich habe eben keine sehr merkwürdige Vorfälle von dieser Zeit an mehr zu erzählen, und werde daher das Uebrige, das ich noch einigermaßen für der Mühe werth achte anzuführen, ins Kurze zusammenfaßen um nicht ermüdend zu werden; Inzwischen bin ich doch willens Ihnen eine kurze Uebersicht von meiner Geschichte bis zum Jahre 1755, als dem Jahre, wo ich zu dem Stande bin befördert worden, worin ich jetzt lebe, zu liefern. Ich hatte jetzt die Herrschaft und die Aufsicht über dreysig Leute; Ich bemühete mich sie mit Leutseligkeit zu behandlen, und ihnen mit einem guten Beyspiele vorzugehen; Ich führte auch auf meinem Schiffe, der Liturgie gemäß, zweymal des Sonntages öffentlichen Gottesdienst ein, wobey ich selbst das Geschäft des Geistlichen übernahm. Weiter ging ich aber nicht, so lange als ich in dem Stande blieb.

Da ich jetzt viele Zeit für mich selbst hatte, so setzte ich mit gutem Erfolge das Studium der lateinischen Sprache fort. Ich vergaß nicht auf dieser Seereise ein lateinisches Wörterbuch mit zu nehmen, und so hatte ich mir auch noch zwey oder drey andere Bücher angeschaft; allein es trug sich zu, daß ich doch wieder die schwereste mir ausgesucht hatte. ——— ——— Ich fügte zum Horaz den Juvenal hinzu, und von den prosaischen Schriftstellern verfiel ich auf den Livius, Cäsar und Salustius. Sie können sich, mein hochzuverehrender Herr, wohl leicht vorstellen, daß es mir keine leichte Arbeit war mit dem

Ho-

Horaz und Livius anzufangen (indem ich ja da an:
fing, wo ich hätte aufhören sollen). Ich wußte von
der Verschiedenheit der Schreibart nichts; Ich hat:
te den Livius sehr rühmen gehört, und faßte daher
den Entschluß, daß ich ihn verstehen wollte. Ich
fing gleich mit der ersten Seite an, und machte es
mir zur Regel, von der ich auch selten abwich, daß
ich zu keinem zweyten Absatz in der Rede fortgehen
wollte, bis ich den ersten verstanden hätte, und so
weiter. Ich konnte oft nicht fortkommen, aber
selten verlor ich dabey den Muth; Hie und da fand
ich eine Zeile ganz hartnäckig, und war genöthiget
meine Regel zu übertreten und dieselbe daran zu ge:
ben, besonders weil meine Ausgabe nur den Text
hatte, und ohne Noten war, die mir behülflich hät:
ten seyn können. Allein es waren doch nur wenige
von der Beschaffenheit; denn noch ehe ich jene See:
reise zurückgelegt hatte, konnte ich (nur weniges
ausgenommen) den Livius von Anfang an bis zu
Ende beynahe eben so geläufig lesen und verstehen
wie einen englischen Schriftsteller. So fand ich
auch, daß ich dadurch, daß ich diese Schwierigkeit
überwunden, alle Schwierigkeiten zusammen auf
einmal überwunden hatte. Andere prosaische Schrift:
steller, die mir allenfals in den Weg kamen, koste:
ten mir wenig Mühe. Kurzum, in der Zeit von
zwey bis drey Seereisen, wurde ich ziemlich mit den
beßten klaßischen Schriftstellern bekannt; (Ich saße
alles was ich hierüber zu schreiben habe zusammen)
Ich laß den Terenz Virgil und verschiedene Stücke
vom Cicero, und von den neueren klaßischen Schrift:
stellern, den Buchanan, Erasmus und Casimir;

J 5 end:

endlich faßte ich den Vorsatz selbst ein Ciceronianer zu werden und dachte es mir als eine herrliche Sache, wenn ich eben so rein und schön lateinisch schreiben könnte. — — — Ich machte zu dem Ende einige Versuche; aber um diese Zeit gefiel es dem Herrn mich noch näher zu sich zu ziehen, und mir eine beßere Erkenntniß von der Perle von hohem Werthe von dem in dem Acker der heiligen Schrift verborgen liegenden unnennbar wichtigen Schatz zu geben; und um desselben willen war ich willig und bereit alle meine neue erworbene Reichthümer daran zu geben. Ich fing an zu denken, daß das Leben des Menschen (wenigstens mein Leben) zu kurz seye, als daß Zeit genug übrig wäre um Fleiß und Mühe auf solche Kleinigkeiten zu verwenden. Weder Dichter noch Geschichtschreiber konnten mir ein Wort von Jesus sagen, und ich wandte mich daher an diejenige Schriftsteller die dieses thun konnten. Ich schränkte mich von nun an in Absicht auf die klaßische Schriftsteller blos auf einen einzigen Morgen in der Woche ein, und am Ende legte ich sie ganz weg. Ich habe jetzt diese fünf Jahre den Livius nicht mehr angesehen, und ich glaube, daß ich ihn auch jetzt nicht einmal mehr zum beßten verstehen würde. Einige Stellen im Horaz und im Virgil gefallen mir wohl noch immer gut, allein es trift sich nur selten, daß ich diese Bücher in die Hand nehme. Ich ziehe Buchanan's Psalmen einem ganzen Brett voll von Elzevirs vor — — — Allein so viel habe ich denn doch gewonnen, und um mehr bekümmere ich mich nicht, daß ich so viel vom Lateinischen verstehe als nöthig ist, um irgend ein nützliches oder

merk-

merkwürdiges Buch, das in dieser Sprache heraus: kommt, verstehen zu können. Um die nemliche Zeit, da ich mich mit dem Livius abwarf, und aus der nemlichen Ursache, aus der ich dieses that, gab ich auch meine mathematische Studien daran. — — Ich fand nicht nur, daß sie mir sehr viele Zeit weg nahmen, sondern daß sie auch meine Gedanken gar zu sehr beschäftigten; mein Kopf war im buchstäblichen Verstande voll von Planen und Entwürfen. Ich war der kalten tiefsinnigen Wahrheiten, die das Herz weder erwärmen noch auch verbeßern können, sondern vielmehr dazu die: nen der Eigenliebe Nahrung zu geben, überdrü: ßig. Ich fand keine Spuren von dieser Weis: heit weder in dem Leben Jesu, noch auch in den Schriften des Apostels Pauli. Zwar bereue ich es gar nicht, daß ich einige Gelegenheit gehabt habe die erste Anfänge von diesen Dingen zu er: lernen, allein ich finde auch alle Ursache den Herrn dafür zu preisen, daß er mich geneigt machte zur rechten Zeit damit aufzuhören, und daß es ihm gefiel, da ich arbeitete um das was nicht Brodt war, mir Wein und Milch ohne Geld und umsonst vorzusetzen.

Meine erste Seereise dauerte vierzehn Mona: te lang, und ich erfuhr auf derselben manche Ge: fahre und Beschwerden, doch ereignete sich nichts vorzüglich merkwürdiges; und da ich mir in Ab: sicht auf meine zwote vorgenommen habe etwas umständlicher zu seyn, so füge ich nichts weiter hinzu, als nur, daß ich vor allem Schaden be: wahret

wahret blieb, und daß ich, nachdem ich viele zu meiner Rechten und zu meiner Linken hatte fallen gesehen, in Friede nach Hause gebracht wurde, und glücklich da wieder ankam, wohin meine Gedanken so oft gerichtet gewesen waren, nemlich am 2. November 1751. Ich bin

Hochgeehrtester Herr

Januar 22. 1763. ganz Ihr u. s. w.

Zwölfter Brief

Eine zwote Seereise als Capitain nach Afrika.

Beynahe wünschte ich meinen letzten Bogen widerrufen und mein Versprechen wieder zurücknehmen zu können. Ich befürchte, ich habe mich zu gar zu anheischig gemacht, und daß ich nur als ein elender Egoist erscheinen werde. Was habe ich wohl noch das Ihrer Aufmerksamkeit werth wäre? Inzwischen beruhiget es mich einigermaßen doch, daß ich jetzt nur allein an Sie schreibe, und ich glaube, Sie werden die Gewogenheit haben das zu entschuldigen, was nichts als die Versicherung von Ihrer Güte von mir heraus zu bringen im Stande seyn würde.

Bald nach der Zeit womit mein letzter Brief sich schließt, nemlich in der Zwischenzeit zwischen mei-

meiner erſten und zwoten Seereiſe nach meiner Verheyrathung, fing ich an eine Art von Tage: Buch zu halten; eine Gewohnheit, die ich ſeit dem für überaus nützlich befunden habe. Ich hatte in dieſer Zwiſchenzeit wiederholte Proben von der Undankbarkeit und dem Böſen meines Herzens. Ein ruhiges Leben mitten unter meinen Freunden, und die vollkommene Befriedigung meiner Wünſche war dem Fortgang der Gnade nicht günſtig und gab mir täglich Urſache zu meiner Demüthigung. Indeſſen nahm ich doch im Ganzen genommen zu. Ich ward mit Büchern bekannt, die mir eine fernere Einſicht in die chriſtliche Lehre und Erfahrung verſchaften, beſonders mit Scougals Leben Gottes in der Seele des Menſchen, Harvey's Betrachtungen, und dem Leben des Oberſten Gardiners. Was Prediger angehet, hörte ich keine, als nur einige vom gemeinen Schlage und wußte auch faſt nichts von Beßeren; eben ſo wenig hatte ich den Vortheil der Bekanntſchaft mit guten Chriſten. Es hinderte mich auch ſehr im Guten, ein gewiſſes furchtſames ſchüchternes Weſen das ich an mir hatte; ich befürchtete für allzugewiſſenhaft und pünktlich gehalten zu werden, und obgleich ich ohne Gebeth nicht leben konnte, ſo wagte ich es doch nicht, ſogar nur meiner Frau deswegen einen Vorſchlag zu thun, bis ſie ſelbſt zuerſt mich darauf brachte; ſoweit war ich von den ſtarken Aeußerungen des Eifers und der Liebe, die dem Zuſtande eines dem viel vergeben worden iſt, ſo angemeßen zu ſeyn ſcheinen, entfernt. Nach we=
nig

nig Monaten rief mich der wiederkommende Sommer wieder von Hause weg, und ich segelte von L — in einem neuen Schiffe, Julii 1752.

Beym seefahrenden Leben ist man schlechterdings von der Wohlthat des öffentlichen Gottesdienstes und der christlichen Gemeinschaft ausgeschloßen; allein wie ich schon angemerkt habe, in Absicht auf diese Stücke war zu dieser Zeit der Schade bey mir nur gering. In mancher andern Rücksicht wüßte ich keinen Beruf, der einem erweckten Gemüthe zur Beförderung des Lebens Gottes in der Seele günstiger wäre oder größere Vortheile mit sich führte; Wenigstens für Einen, der das Commando über ein Schiff hat, und dem es eben deswegen in der Macht steht offenbare Unordnungen bey andern zu hemmen und von seiner eigenen Zeit einen Gebrauch zu machen wie er will. Ganz besonders verhält sichs so auf den afrikanischen Seereisen, da diese Schiffe doppelt so viele Leute und Officiere als die mehreste andere Schiffe mit sich führen, welches mir mein Amt leicht und angenehm machte, und, wenn ich die Eilfertigkeit der Geschäfte u. d. gl. an der Küste, die doch auch nur eine Zeitlang und nicht beständig fortdaurete, ausnehme, mir sehr viele übrige Zeit verschafte. In solchen Umständen sich zur See befinden, aus dem Bezirk von unzählig vielen Versuchungen herausgezogen, die Gelegenheit und einen Hang des Gemüths haben die Wunder Gottes auf der großen Tiefe zu bemerken, da man die zwey erhabenste Gegenstände die uns nur je zu Gesichte kommen können, den ausgedehnten Himmel und

das

das ausgebreitete große Weltmeer beständig vor Augen hat, und wo einem fast täglich augenscheinliche Vermittelungen der göttlichen Vorsehung in Erhörung des Gebethes vorkommen, da fehlt es einem ja gewis nicht an Hülfsmitteln, das Leben des Glaubens aufzumuntern und zu stärken; und diese ersetzen einem gottseligen Seefahrer ziemlichermaßen den Mangel derjenigen Vortheile, die nur auf dem Lande genoßen werden können. In der That auch, ob gleich damals meine Erkenntniß von geistlichen Dingen (so wie man die Erkenntniß gemeiniglich zu schätzen pflegt) sehr gering war, sehne ich mich doch oft nach jenen Auftritten zurück. Ich weiß nicht, daß ich je mehrere Stunden auf eine seeligere Weise im Umgang mit Gott zugebracht hätte, als auf meinen beyden letzten Seereisen nach Guinea, wenn ich entweder am Bord des Schiffes von aller Gesellschaft abgesondert allein war, oder mich auf dem Lande unter den Eingebohrnen befand. Ich wanderte in den Wäldern herum, dachte über die besondere Güte des Herrn gegen mich nach, an einem Orte wo vielleicht einige tausend Meilen weit rings um mich herum kein Mensch war, der ihn kannte. Sehr oft habe ich bey solchen Gelegenheiten die ausnehmend schöne Zeilen des Propertius auf den angewandt, an den sie eigentlich von Rechtswegen gerichtet seyn sollten. Zeilen, die voll von Gotteslästerung und Raserey sind, so lange sie nur an ein Geschöpf gerichtet bleiben, die aber in dem Munde eines Gläubigen höchst schicklich und tröstlich werden.

Sic

Sic ego desertis possim bene vivere sylvis
Quo nulla humano sit via trita pede;
Tu mihi curarum requies, in nocte velatra
Lumen, & in solis tu mihi turba locis.

Daß heißt mit andern Worten:

Wenn ich nur Dich mein Gott bey mir habe, o! wie glücklich kann ich selbst in einsamen Wäldern, wo nie ein Menschenfuß hingetreten hat, seyn! Du bist mir Erholung nach meinen Sorgen, mein Licht mitten in der Finsterniß der Nacht, meine Gesellschaft in der Einsamkeit.

In dem Verlauf dieser Seereise, wurde ich bey sehr vielen sichtbaren und sehr vielen unvorhergesehenen Gefahren wunderbarlich erhalten. Einmal hatten sich meine eigene Leute heimlich zusammen verschworen Seeräuber zu werden und mir das Schiff abzunehmen. Als dieser Anschlag bald zu seiner Reife gediehen war, und sie nur noch auf eine schickliche Gelegenheit warteten ihn ins Werk zu richten, wurden eines Tages zwey von denen, die mit der Sache zu thun hatten, krank; Einer von ihnen starb, und dieser war der einzige Mensch, den ich, so lange ich auf dem Schiffe war, zu begraben hatte. Dieses machte, daß die Sache verschoben wurde, und öffnete einen Weg zu ihrer Entdeckung, da sonst die Folge davon übel hätte ausfallen können. Die Sklaven, die wir auf dem Schiffe hatten, gingen gleichfals oft damit um, sich zu Empörungen zusammen zu rottiren, und waren manchmal so eben daran Unheil anzurichten, allein es wurde allemal noch zu rechter Zeit entdeckt. Wenn ich
mich

mich am sichersten hielt, wurde ich plötzlich von der größten Gefahr bedrohet, und wenn ich fast an meinem Leben schon verzweifelte, wurde ich durch eine eben so schleunige Errettung noch glücklich erhalten. Mein Aufenthalt auf der Küste dauerte ziemlich lange, der Handel erforderte viele Mühe, und bey der Verrichtung meiner Geschäfte sowohl auf dem Schiffe als auf dem Lande, war ich sehr oft in Todesgefahren. Der folgende Vorfall mag zu einem Beweiße hievon dienen:

Ich befand mich an einem Orte Mana genant, nahe beym Capegebirge, wo ich sehr wichtige Geschäfte zu Stande gebracht hatte, und hatte zu der Zeit, wo sich das, was ich jetzt anzuführen willens bin, ereignete, einige Schulden und Rechnungen zu berichtigen, die meine Anwesenheit auf dem Lande nothwendig machten, und ich hatte deswegen die Absicht als am nächsten Morgen ans Land zu fahren. Sobald ich des Morgens aufstund, verließ ich meinem Vorhaben gemäß das Schiff; allein als ich nahe ans Land kam, war die Brandung oder die Gewalt der ans Ufer anschlagenden Wellen so stark, daß ich mich beynahe fürchtete es zu wagen wirklich zu landen. Wirklich hatte ich oft es zu einer weit schlimmeren Zeit gewagt, allein ich fühlte diesmal eine innerliche Abneigung und Zurückhaltung, wovon ich eigentlich keinen Grund anzugeben wußte; die Schäumung des Meeres diente zu einem Vorwand derselbigen nachzugeben, und nachdem ich ungefehr eine halbe Stunde gewartet und unschlüßig gewesen war, was ich thun sollte, kehrte ich zu dem

K   Schiffe

Schiffe wieder zurück ohne irgend etwas von meinen Geschäften ausgerichtet zu haben; welches, wie mir deucht, ich niemals als nur den Morgen, die ganze Zeit über da ich mich der Handthierung bediente, that. ——— Allein ich vernahm bald die Ursache von allem diesem. ——— Es scheint, daß an dem Tag vorher, da ich willens war zu landen, eine höchst schändliche und ungegründete Beschuldigung mir war zur Last gelegt worden, (Durch wessen Anstiftung habe ich niemals erfahren können:) die meiner Ehre und meinem Glücke so wohl in Afrika als auch in England höchst nachtheilig hätte seyn können, und die allem menschlichen Ansehen nach, vielleicht mir an meinem Leben würde geschadet haben, wenn ich, wie es meine Absicht war wirklich gelandet hätte. Vielleicht daß ich noch einen Brief mit einschließe, der Ihnen eine hinlängliche Auskunft bey diesem sonderbaren Vorfall geben wird, und werde daher hier von der Sache keine weitere Erwähnung mehr thun, als nur, daß ich Ihnen melde, daß ein Versuch, wobey es darauf abgesehen war entweder mein Leben oder meine Ehre und Glück zu Grunde zu richten, und der sehr leicht in seinen Folgen hätte machen können, daß meine Reise unglücklich abgelaufen wäre, ohne mir wirklichen Nachtheil zu verursachen, vorüber ging. Der Mensch, der am meisten mit der Sache verwickelt war, war mir ungefehr hundert Pfund Sterling schuldig, die er mir in Zorn zuschickte, und sonst würde er sie mir vielleicht ganz und gar nicht bezahlt haben. Ich war einige Stunden lang sehr unruhig darüber, tröstete mich aber sehr bald wieder. Ich
ver-

vernahm nichts mehr von der Beschuldigung meiner, bis zu der nächsten Seereise, und denn wurde es öffentlich eingestanden, daß sie eine boshafte Verläumdung, ohne den geringsten Schatten von Grund, gewesen wäre.

So hatte ich manche Abwechselungen und Beschwerlichkeiten durchzugehen, wobey mich der Herr bewahrete. Dann und wann wurde mein Glaube so wohl als auch meine Gedult sehr auf die Probe gesetzt, aber es wurde dabey mir immer Stärke, so wie ich sie nöthig hatte, verliehen; und da dergleichen Dinge doch auch nicht alle Tage vorfielen, so wurde das Studium der lateinischen Sprache, wovon ich Ihnen in meinem vorigen Briefe so im allgemeinen eine Nachricht gegeben habe, wieder von mir angefangen und von Zeit zu Zeit, so wie es mir meine Geschäfte erlaubten, fortgesetzt. Ich war in Ansehung der Eintheilung meiner Zeit meistens sehr regelmäßig; Ich bestimmte ungefehr acht Stunden zum Schlaf und zum Essen und Trinken, acht Stunden zur Bewegung und zur Andacht, und acht Stunden zu meinen Büchern; auf diese Weise, da meine Beschäftigungen immer so mit einander abwechselten, brachte ich den ganzen Tag auf eine recht angenehme Weise zu, und selten fand ich einen Tag zu lange oder eine Stunde die ich zu erübrigen gehabt hätte. Meine Studien hielten mich beschäftigt, und in so fern waren sie gut; im Uebrigen aber, waren sie kaum der Zeit werth, die darauf verwendet wurde, da sie mich zu einer Bewunderung falscher Muster und falscher Grundsätze verleiteten;

eine,

eine, wie ich mir nicht anders vorstellen kann, fast unvermeidliche Folge von einem Gefallen an klassischen Schriftstellern. Wenn ich die Vortheile, die ich in Absicht auf die lateinische Sprache dadurch erlangt habe, abrechne, so deucht mir hätte ich Cassandra oder Cleopatra mit eben so viel Nutzen als den Livius lesen können, denn ich halte ihn wenigstens jetzt eben so sehr für einen Abentheurer wie jene, nur daß ers auf eine andere Art ist.

Von der Küste fuhr ich nach Sankt Christopher, und hier war mein abgöttisches Herz sein eigener Peiniger. Die Briefe, die ich von meiner Frau erwartete, waren aus Versehen nach Antigua geschickt worden, welches wir zuerst zu unserm Haven bestimmt hatten. Da ich von ihrer Pünktlichkeit im Schreiben gewiß versichert war, wenn sie nur am Leben sey, so machte ich den Schluß, daß, weil ich keine Nachricht von ihr erhielte, sie ganz gewiß gestorben wäre. Diese Besorgniß machte mir je länger je mehr zu schaffen; Ich verlor meinen Appetit und Schlaf; Ich fühlte einen unabläßigen Schmerz in meinem Magen, und in ungefehr drey Wochen Zeit unterlag ich beynahe ganz dem Gewichte eines eingebildeten Leidens. Ich empfand einige Zufälle von der Krankheit, die in einer Vermischung von Stolz und Wahnsinn besteht, und gemeiniglich ein tief gebeugtes verwundetes Herz genennet wird; In der That muß ich mich auch darüber verwundern, daß es nicht häufiger geschieht, daß das Herz wirklich wund wird und wie man zu sagen pflegt zerspringt als es wirklich geschieht. Wie oft

oft unterwinden sich die Scherfen von der Erde mit ihrem Töpfer zu hadern? Und welch ein Wunder der Barmherzigkeit ist es, daß sie nicht zerschmißen werden? Inzwischen bestund mein Leiden nicht blos in Gram und Traurigkeit darüber, daß ich keine Briefe erhalten hatte, sondern es rührte auch zum Theil mit von meinem Gewissen her. Ich stellte mir vor, daß meine Untreue gegen Gott die Ursache sey, warum ich meiner Gattin beraubt worden wäre, und besonders, daß ich mir diesen Verlust durch meine Zurückhaltung im Reden von geistlichen Dingen, welches ich sogar nicht einmal zu ihr zu thun recht wagen konnte, zugezogen hätte. Der Gedanke, daß ich unschätzbare unwiederbringliche Gelegenheiten hiezu, welche ich so wohl aus Pflicht als auch aus Liebe hätte zu benutzen suchen sollen, verloren hätte, peinigte mich hauptsächlich; und mir deuchte, daß ich die Welt darum würde gegeben haben zu wißen, daß sie noch am Leben sey, wenn ich sie auch niemals sollte wieder zu sehen bekommen, damit ich doch wenigstens meine Pflichten im Schreiben an sie mögte erfüllen können. Dieses war eine schwere Prüfung für mich, allein wie ich nicht anders weiß, war sie mir doch sehr heilsam; und nachdem ich auf diese Weise einige Wochen lang viel gelitten hatte, hatte ich den Einfall ein kleines Schiff nach Antigua abzuschicken. Ich that es wirklich, und das Schiff brachte mir verschiedene Briefe, die meine Gesundheit und meine Ruhe wieder herstellten, und die mir auch zugleich eine kräftige Ueberzeugung von der Güte des Herrn gegen mich, und von meinem Unglauben und meiner Undankbarkeit gegen ihn, verschaften.

Im August 1753. kam ich wieder zurück nach
L————. Mein Aufenthalt zu Hause nach
dieser Seereise dauerte eine sehr kurze Zeit, nur sechs
Wochen lang; in der Zeit ereignete sich nichts sehr
merkwürdiges; Ich werde daher meinen nächsten
Brief mit einer Nachricht von meiner dritten und
letzten Seereise anfangen. Dem zufolge mache ich
also Ihnen und mir Hofnung meine Erzählungen
bald zu Ende zu bringen, die doch jetzt anfangen so
gar mir selbst ermüdend und unerheblich zu werden;
Ich werde nur durch den Gedanken noch ermuntert,
daß ich auf Ihr Verlangen schreibe und daher eine
Gelegenheit habe mich zu zeigen als

Januar 31.   Ihren ergebensten
 1763.   Diener.

Dreyzehnter Brief

Letzte Seereise nach Afrika u. s. w.

Hochzuehrender Herr!

Meine letzte Seereise war kürzer und weniger beschwerlich als eine von den vorhergehenden. Ehe
ich absegelte, traf ich einen jungen Menschen an,
der ehedem ein Schiffscadet und mein vertrautester
Gesellschafter am Bord des Schiffes Harwich gewesen war. Er war zu der Zeit, da ich ihn zuerst
kennen lernte, ein biederer junger Mensch, allein
ich

ich war leider in meinen unseligen Bemühungen ihn mit freygeisterischen Grundsätzen anzustecken nur gar zu glücklich gewesen. Da wir einander zu L — antrafen, erneuerten wir, wegen unserer ehemaligen Vertraulichkeit mit einander, unsere Freundschaft. Er besaß einen guten Verstand, und hatte viele Bücher gelesen — — — Wir kamen oft auf die Religion mit einander zu sprechen, und ich war sehr begierig den Schaden, den ich ihm gethan hatte, wieder zu verbeßern. Ich erzählte ihm ganz aufrichtig die Art und Weise, wie auch die Ursache meiner Veränderung, und bediente mich aller nur möglichen Gründe um ihn zu bewegen seine ungläubige Meinungen fahren zu laßen; wenn ich ihm bisweilen auch so zusetzte, daß er nichts weiter einzuwenden wußte; so warf er mir vor, daß ich ja selbst der erste gewesen wäre, der ihm den Gedanken an Freygeisterey beygebracht hätte. Dieses veranlaßte bey mir viel trauriges Nachdenken. Er war damals im Begrif, selbst als Schiffsherr nach Guinea zu reisen, allein noch ehe sein Schiff fertig war machte sein Kaufmann banquerot, wodurch seine Seefahrt dahin vereitelt wurde. Da er nun für das Jahr keine weitere Aussichten hatte, so bot ich ihm an, ihn als Gesellschafter mit mir zu nehmen, damit er sich eine Kenntniß von der Küste erwerben mögte; und der Herr, in dessen Geschäften ich reisete, versprach bey seiner Wiederkunft für ihn zu sorgen. Meine Absicht hiebey war nicht so wohl ihn in seinem Gewerbe zu dienen, als vielmehr eine Gelegenheit zu haben, die Sache mit ihm zu einer schicklichen Zeit abzumachen, und ich hofte,

daß

daß während meiner Reise, meine Gründe, mein Beyspiel und meine Gebethe einigermaßen doch eine gute Wirkung auf ihn haben würden. Meine Meinung bey diesem Schritte war beßer als meine Ueberlegung und ich fand sehr oft Ursache, denselben zu bereuen. Er war entsetzlich gottlos und wurde immer schlimmer. Ich sahe an ihm das lebhafteste Gemälde von dem, was ich ehedem selbst einmal gewesen war, allein es war gewiß sehr verdrießlich es beständig vor Augen zu haben. Zudem bewieß er sich nicht nur gegen alle meine Vorstellungen selbst taub, sondern gab sich auch alle nur mögliche Mühe es zu verhindern, daß ich bey andern nichts gutes ausrichten mögte. So war er auch nicht nur sehr stolz und hitzig von Temperament, so daß ich alle meine Klugheit zusammenfaßen und stets mein Ansehen behaupten mußte, um ihn nur einigermaßen im Zaum zu halten. Ich hatte ihn für eine Zeitlang recht zu meiner Plage bey mir. Allein endlich traf sich die Gelegenheit, daß ich an der Küste ein kleines Schiff kaufte. Dieses rüstete ich mit einer Ladung von meinem eigenen aus. Ich gab ihm das Commando darüber, und schickte ihn auf den Handel für das große Schiff aus worauf ich blieb. Als wir von einander schieden, gab ich ihm noch einmal die beßte Ermahnungen und redete so gut ich nur konnte ihm ins Gewissen. Ich glaube, daß seine Freundschaft und Hochachtung gegen mich so groß war, als nur bey seinen den Meinigen so gerade entgegen gesetzten verkehrten Grundsätzen immer möglich seyn konnte. Er schien sehr gerührt zu seyn als ich ihn verließ, allein es war weit gefehlt, daß meine Vorstelstellungen und Erinnerungen einen bleibenden Eindruck auf ihn gemacht hätten; Sobald er mir aus den Augen war und sich in Freyheit in Absicht meiner sahe, überließ er sich gleich allen Ausschweifungen, und durch sein erschröcklich unordentliches Leben, wozu freilich auch noch die Hitze des Climas kam, zog er sich auch sehr bald ein heftiges Fieber zu, das ihn in wenig Tagen Zeit wegrafte. Er starb zwar wohl in seinem Gewissen überzeugt, aber nicht verändert. Die Nachricht, welche mir die, die bey ihm waren, von ihm gaben, lautete fürchterlich; Seine Wuth und Verzweifelung erfüllte sie alle mit Grausen und Schrecken, und er sprach selbst, noch ehe er seinen Geist aufgab das Verdammungsurtheil über sich aus, ohne daß man im geringsten an ihm sehen konnte, daß er nach Gnade gehoft oder um Gnade gebethen habe. Ich habe Ihnen diesen schrecklichen Auftritt melden wollen, weil, wie mir deucht, er vorzüglich geschickt ist, Ihnen die auszeichnende Güte Gottes gegen mich, als dem vornehmsten unter den Sündern anschaulich zu machen.

Ich verließ die Küste nach ungefehr vier Monaten und segelte nach Sankt Christopher. Bisher hatte ich mich immer seit vielen Jahren in jedem Clima einer dauerhaften Gesundheit erfreuet; aber auf dieser Fahrt wurde ich mit einem Fieber heimgesucht, welches mir eine nahe Aussicht in die Ewigkeit gab. Ich habe die Erlaubniß erhalten drey bis vier Briefe hier an Sie mit einzuschließen, die Ihnen den Zustand und das Maaß meiner Erfahrung zu verschiedenen Zeiten deutlicher zu erkennen geben wer-

werden, als alles was ich Ihnen jetzt schreiben könnte. Einer davon ward von mir, wie Sie finden werden, zu dieser Zeit, da ich kaum die Feder in der Hand halten konnte und einigermaßen Ursache hatte zu glauben, daß ich nie wieder schreiben würde, geschrieben. Ich besaß nicht jene — πληροφορια d. i. völlige Gewisheit, die zu einer Zeit, da man dem Leibe und der Seele nach schwach ist, so wünschenswerth ist; allein meine Hofnungen waren doch größer als meine Besorgniße, und ich fühlte eine stille Beruhigung der Seele, die mich in den Stand setzten, den Ausgang ohne große Aengstlichkeit abzuwarten. Meine Zuversicht, so schwach sie auch an sich selbst war, gründete sich allein auf das Blut und die Gerechtigkeit Jesu, und jene Worte Hebr. 7, 25. Er kann selig machen immerdar, verschaften mir Trost und Erquickung. Ich wurde auf eine Zeitlang von einem sehr sonderbaren Gedanken beunruhiget; ob es eine Anfechtung war, oder ob das Fieber meine Seelenkräfte verwirrt hatten, kann ich nicht mit Gewisheit bestimmen; allein so viel weiß ich, daß ich mich nicht so wohl vor Rache und Strafe fürchtete, als vielmehr davor, daß ich unter denen viel tausendmal tausenden, die zu allen Zeiten in die unsichtbare Welt übergehen, verloren seyn und übersehen werden mögte. Was ist meine Seele, dachte ich unter einer solchen unzählbaren Menge von Wesen! — — — — und dieses beunruhigte mich gewiß sehr. Vielleicht wird der Herr gar meiner nicht achten! Ich befand mich hierüber eine Zeitlang in großer Verlegenheit, war übraus bekümmert, aber endlich fiel mir eine Schriftstelle ein, die sich auf
die-

diesen Fall recht paßte, und auf einmal meine Zweifel hob 2 Timoth. 2, 19. Der Herr kennet die Seinen! In ungefehr zehn Tagen Zeit fing ich an, ganz wider alle Erwartung derer die um mich waren, wieder zu genesen, und bis zur Zeit unserer Anlandung in den Westindien war ich vollkommen wieder hergestellt. — — — Ich bin der guten Zuversicht, daß diese Heimsuchung zu meinem Beßten gereichte.

So weit, nehmlich in dem Zeitraum von ungefähr sechs Jahren, gefiel es dem Herrn mich auf einem geheimen Wege zu leiten. — Ich hatte etwas von dem Bösen meines Herzens gelernt; ich hatte die Bibel durch und durch gelesen, nebst noch einigen guten Büchern, und hatte eine allgemeine Einsicht von der evangelischen Wahrheit. Allein meine Vorstellungen waren in vielen Rücksichten verworren, da ich in aller dieser Zeit nicht einen einzigen Bekannten erlangt hatte, der mir in meinen Nachforschungen behülflich gewesen wäre. Doch auf dieser Seereise fand ich, wie ich zu St. Christophers ankam, einen Capitain von einem Schiffe von London, dessen Umgang mir sehr nützlich war. Er war und ist noch ein Mitglied von Hrn. B......r's Kirche, ein Mann von Erfahrung in göttlichen Dingen, der in seinem Umgang ein sehr aufgerdumtes Wesen an sich hat und die Gaben besißt, recht mittheilend und lehrreich zu seyn. Wir wurden miteinander durch einige zufällige Ausdrücke in einer vermischten Gesellschaft bekannt, und wurden bald (so weit als es unsere Geschäfte zulassen wollten)

ein-

einander unentbehrlich. Beynahe einen Monat lang brachten wir alle Abende miteinander abwechselnd auf unsern Schiffen, den einen Abend auf seinem, den andern auf meinem Schiffe zu, und dehnten oft unsere Besuche bis gegen Tages Anbruch aus. Ich hörte seinem Sprechen mit der größesten Begierde zu; und das Beste daran war, daß er nicht nur meinen Verstand belehrte, sondern daß seine Gespräche auch mein Herz entflammten. — Er ermunterte mich in gesellschaftlichem Gebete meinen Mund aufzuthun; er unterrichtete mich von den Vortheilen des christlichen Umganges; er brachte mich dazu, daß ich es versuchte mehr öffentlich mein Christenthum zu zeigen, und es zu wagen, für die Sache Gottes zu reden. Durch ihn, oder eigentlich von dem Herrn, der ihn als ein Mittel dazu brauchte, erhielt ich einen Zuwachs an Erkenntniß; meine Begriffe wurden klarer und evangelischer, und ich wurde von einer Furcht, die mich lange Zeit beunruhiget hatte, befreyet, nehmlich der Furcht, in meinen vorigen ungläubigen und lasterhaften Zustand wieder zurückzufallen. Jetzt fieng ich an die Sicherheit des Gnaden-Bundes zu verstehen und zu glauben, daß ich erhalten werden würde, zwar nicht durch meine eigene Kraft und Heiligkeit, sondern durch die starke Kraft und Verheissung Gottes vermittelst des Glaubens an einen unveränderlichen Heyland. Er gab mir gleichfalls eine allgemeine Uebersicht von dem Zustande der Religion, den Irrthümern welche obwalten, und den Streitigkeiten, die von Zeit zu Zeit geführet werden (Dinge, von denen ich bisher ganz und gar nichts gewußt hatte) und endlich gab er mir

auch

auch Anweisung, wohin ich mich zu London um weitere Belehrung wenden sollte. Mit diesen neu erlangten Vortheilen schied ich von ihm, und meine Heimfahrt gewährte mir Zeit um über alles, was ich gewonnen hatte, ruhig und reiflich nachzudenken. Ich hatte diese sieben Wochen lang vielen Trost und viele Freudigkeit, und meine Sonne war selten bewölkt. Ich kam im August 1754 glücklich zu L.... wieder an.

Ich war willens nur auf eine kurze Zeit diesmal zu Hauße zu bleiben, und zu Anfang des Novemb. war ich schon wieder fertig um zur See zu gehen; aber der Herr fand es für gut, meinen Plan zu verändern. Während der Zeit, da ich mich mit dem Sklaven-Handel beschäftigte, hatte ich niemals wegen der Rechtmäßigkeit desselben den geringsten Zweifel; ich war in der Hauptsache dabey ruhig und zufrieden, indem ich denselben als den Beruf betrachtete, den die Vorsehung für mich ausersehen habe; indessen war er in mancher Absicht nichtsweniger als angenehm. Er wird wohl freylich für ein sehr anständiges Gewerbe gehalten, und ist gemeiniglich sehr einträglich, wiewohl ich es für mich gar nicht eben einträglich gefunden habe, indem der Herr sahe daß eine große Vermehrung meines Vermögens nicht gut für mich seyn würde. Dem sey nun wie ihm wolle, ich betrachtete mich doch immer gewissermaßen als einen Kerker-Meister oder einen Gefängniß-Schließer; und es kam mir bisweilen ein Gewerbe, wo ich beständig mit Ketten, Riegeln und Feßeln zu thun hatte, abscheulich war. In dieser Hinsicht hat-

hatte ich oft den Herrn in meinen Gebetern angerufen, daß es Ihm doch gefallen möchte (einmal zu seiner Zeit) mich in einen menschlicheren Beruf zu versetzen, und (wenn das geschehen sollte) mir einen solchen Ort zur Wohnung anweisen möchte, wo ich vielen Umgang mit seinem Volke und gute Gelegenheiten zur Abwartung des öffentlichen Gottesdienstes haben, wie auch von jenen langen Entfernungen vom Hauße, die mir sehr oft überaus schwer fielen, befreyt seyn mögte. Meine Gebete wurden jetzt erhöret, wiewohl auf eine Weise, wie ich es gar nicht erwartete. Ich erfuhr nun eine weitere plötzliche ganz unvorhergesehene Veränderung meines Lebens: Ich war im Begriff in zwey Tagen Zeit abzusegeln, und befand mich allem Anscheine nach, wie gewöhnlich, in guter Gesundheit; allein des Nachmittags, da ich bey meiner Frau saß, wir allein zusammen Thee tranken und miteinander von vergangenen Vorfällen sprachen, bekam ich auf einmal einen Ueberfall, der mir Vernunft und alle Bewegung raubte und bey mir kein anderes Zeichen des Lebens als nur noch das bloße Athemholen übrig ließ. — Ich vermuthe, daß es eine Art von Schlagfluß war. — Es hielt ungefähr eine Stunde lang an, und als ich wieder zu mir selber kam, ließ es einen Schmerz und einen Schwindel in meinem Kopfe zurück, welches mit solchen Anzeigen von Krankheit anhielte, daß die Aerzte demnach urtheilten, daß es nicht sicher oder rathsam für mich seyn würde, die Seereise wirklich vorzunehmen. Dem zufolge that ich, besonders auch auf den Rath meines Freundes, dem das Schiff zugehörte, an dem Tage, ehe es absegelte, Verzicht auf das Commando

mando desselben; auf diese Weise wurde ich ganz unerwartet von jenem Dienste abberufen, und von einem Antheil an den künftigen Folgen dieser Seereise, die außerordentlich kläglich waren, befreyet. Der Mensch, der auf meiner Stelle die Reise that, die mehreste von den Offizieren, und viele von dem Schiffsvolke starben, und das Schiff ward mit großer Schwierigkeit heim gebracht.

Da ich nunmehr außer Geschäften gesetzt war, so verließ ich L——, und brachte den größten Theil des folgenden Jahres zu London und in Kent zu. Aber ich hatte jetzt noch eine neue Prüfung durchzugehen. — Sie können sich leicht vorstellen, daß meine Frau keine gleichgültige Zuschauerin war, da ich ausgestreckt, und, wie sie dachte, ganz entseelt auf dem Boden da lag. Wirklich traf sie der Schlag, der mich rührte, in dem nehmlichen Augenblicke; sie fühlte es wohl freylich nicht gleich, bis ihre Besorgnisse von meinetwegen anfiengen nachzulaßen, aber so wie es mit mir besser wurde, verschlimmerte es sich mit ihr; ihre Bestürzung zog ihr eine Krankheit zu, die keine Aerzte erklären, noch auch Arzneyen heben konnten. Ohne irgend einige von den gewöhnlichen Anzeigen der Auszehrung, nahm sie fast zusehens ab, bis sie so schwach wurde, daß sie es kaum vertragen konnte, daß jemand nur über das Zimmer, worein sie war, gieng. Ich war ungefähr elf Monate lang hingestellt, wie es Dr. Young nennt:

> Auf den schrecklichen Posten der Beobachtung die in jeder Stunde dunkeler wird.

Es geschah nicht eher bis nach meiner Beförderung zu dem Amte, das ich jetzt bekleide, daß es dem Herrn gefiel, sie durch seine eigene Hand wieder herzustellen, da alle Hoffnung zu ihrer Besserung durch gewöhnliche Mittel aufgegeben worden war. Allein ehe sich dieses ereignete, habe ich einige andere Umstände zu melden, die ich nothwendig für meinen nächsten Brief versparen muß, der denn auch der letzte über diese Materie von mir seyn wird.

Februar, 1.   Ihrem ergebensten
1763.   Diener.

Vierzehnter Brief.

Beschluß der Erzählung.

Hochgeehrtester Herr!

Durch die Anweisungen, die ich von meinem Freunde zu St. Kitts oder Christophers erhalten hatte, fand ich bald einen frommen Freund in London aus. Ich wandte mich zuerst an Hrn. B—, und wenn ich in der Stadt war gieng ich hauptsächlich zu ihm in die Kirche. Von ihm habe ich sehr viele Hülfe erhalten und zwar durch beydes, nemlich sowohl durch seine öffentliche Vorträge, als auch durch den Privatumgang mit ihm, denn er war so gütig mich gleich von Anfang an seiner Freundschaft zu würdigen.

gen. Seine Gewogenheit zu mir, und die Vertraulichkeit zwischen uns, hat bis zu diesem Tage hinzu fortgedauert und immer mehr zugenommen; und unter allen meinen Freunden habe ich ihm am allermeisten zu verdanken. Der weyl. Herr H—d war mein zweyter sehr guter Freund; ein Mann von einem besonders redlichen Herzen, und einem ausnehmenden Eifer in dem Dienste des Herrn. Ich genoß das Vergnügen bis bald an seinen Tod mit ihm Briefe zu wechseln. Bald darauf, nach der Rückkunft des Herrn W—d's von Amerika, verschaften mir meine beyde gute Freunde Gelegenheit, auch mit diesem bekannt zu werden; und ob ich gleich nur wenig persönlichen Umgang mit ihm hatte bis hernach, so schöpfte ich doch aus seinen Predigten sehr vielen Nutzen. Ich hatte gleichfalls freyen Zutritt zu einigen frommen Gesellschaften und wurde mit vielen fürtreflichen Christen im Privatleben bekannt. Auf diese Weise lebte ich, so lange ich in London war, in Absicht auf geistliche Vortheile gleichsam an der ersten Quelle. Da ich in Kent war, war es ganz anders, inzwischen fand ich doch auch da einige fromme Leute; und die schön bemahlte buschigte Gegend verschafte mir Vortheile von einer anderen Art. Den grösten Theil meiner Zeit, wenigstens einige Stunden alle Abend brachte ich, wenn nur das Wetter anders gut war an irgend einem einsamen Orte zu; bisweilen in den dicksten Gebüschen, bisweilen auch auf den höchsten Hügeln, wo fast jeder Schritt eine Abwechselung der Aussicht gewährte. Es ist seit vielen Jahren immer meine Gewohnheit gewesen, meine Andachtsübungen sub

dio

dio das ist, unter freyem Himmel, wenn ich nur
Gelegenheit dazu habe, zu verrichten, und ich finde
immer, daß diese ländliche Vergnügungen vorzüglich geschickt sind, mein Gemüth aufzuheitern und
zu sammlen. Eine anmuthige abwechselnde Aussicht erfreuet mein Herz. Wenn ich von dem Ge-
räusch und den unerheblichen Werken der Menschen
entfernt bin, stelle ich mir vor, daß ich mich in dem
großen Tempel befinde, den der Herr zu seiner eigenen Verherrlichung gebauet hat.

Die Gegend zwischen Rochester und Maidstone,
die an Medway angrenzt, schickte sich besonders für
mein Gemüth; und wenn ich jetzt da herumzugehen
hätte, könnte ich auf manche Stelle hinweisen, wo
ich mich erinnere die tröstliche Gegenwart des Herrn
bey meiner Seele, entweder ernstlich gesucht, oder
glücklich gefunden zu haben. So brachte ich meine
Zeit zu, bisweilen zu London, und bisweilen auf
dem Lande, bis zum Herbst des folgenden Jahres.
Diese ganze Zeit über lagen mir zwey Prüfungen
bald mehr bald weniger schwer auf meinem Herzen;
die erste und vornehmste war die Krankheit meiner
Gattin; es wurde noch immer schlimmer mit ihr,
und ich fand täglich mehr Ursache zu fürchten, daß
die Stunde der Trennung bald da seyn würde. So
lange ich Glauben hatte, ergab ich mich einigermaßen in den Willen des Herrn, aber nur zu oft em-
pörte sich mein Herz, und ich fand es schwer, sowohl
Vertrauen zu faßen, als auch mich seinem Willen
zu unterwerfen. So hatte ich auch zum andern
einige Sorge wegen meiner künftigen Versorgung;

was

was den afrikanischen Handel anbetrift, so war in dem Jahre alles übersetzt, und meine Freunde hatten keine Lust ein anderes Schiff auszurüsten, bis das Meinige wieder zurück gekommen wäre. Ich befand mich zuweilen in Verlegenheit, allein in der Hauptsache habe ich mir denn doch niemals wegen Nahrung und Kleider sehr große Bekümmerniß gemacht. Ich fand es viel leichter, diesen Punkt betreffend, dem Herrn zu vertrauen als in Absicht auf den ersteren, und daher wurde ich auch in Ansehung dieses zuerst erhöret. Im August erhielt ich eine Nachricht, daß ich zu dem Amte von — — — ernannt worden wäre. Diese Stellen wurden gemeiniglich nur durch viel Geld und Verwendung guter Freunde erlangt, wenigstens auf diese Weise gesucht; aber mir wurde sie ohne daß ich sie gesucht hätte und ganz unerwartet zu Theil. So viel wußte ich wohl, daß ein guter Freund in L— — — sich bemühet hatte, einen anderen Posten mir zu verschaffen, aber er fand daß er schon einem andern versprochen war. Ich lernte nachher einsehen, daß die Stelle, die mir entgangen war, sich ganz und gar nicht für mich würde geschickt haben, und daß diese, an die ich gar nicht gedacht hatte, gerade eine solche war, wie ich es mir nur wünschen konnte, indem ich dabey viele übrige Zeit und die Freyheit hatte auf einem solchen Fuße, wie ich gerne wollte, zu leben. Verschiedene Umstände, die andern ganz unbemerkt blieben, vereinigten sich miteinander mir zu zeigen, daß die gütige Hand des Herrn bey dieser Veränderung eben so sehr, als bey irgend einer andern Hauptwendung der Schicksale meines Lebens, beschäftiget war.

Allein

Allein da es mir in diesem Punkte geglückt war, so war mein Kummer in Ansehung des andern noch einmal so groß; ich war genöthiget meine Frau zu verlaßen, gerade da ihr Schmerz und ihre Krankheit den höchsten Grad erreicht hatte, da die Aerzte nichts mehr ausrichten konnten und ich gar keinen andern Grund mehr zu hoffen hatte, daß ich sie jemals wieder lebendig zu sehen bekommen würde, als diesen — daß bey dem Herrn kein Ding unmöglich sey. Ich hatte einen schweren Kampf, aber der Glaube machte, daß ich ihn überstehen konnte; ich fand auf eine sehr merkwürdige Weise die Verheißung, daß der Herr uns je nachdem wir es nöthig haben, stärken wolle, erfüllet. Am Tage vor meiner Abreise und nicht eher, wurde die Last die mein Gemüth niederdrückte, mir gänzlich abgenommen; ich fand mich gestärket, sie und mich selbst ganz der Fügung des Herrn zu überlaßen und schied von ihr mit einer recht heiteren Faßung der Seele. Bald nach meiner Abreise fieng es an mit ihr beßer zu werden, und sie genaß so geschwinde, daß ich in ungefähr zwey Monaten Zeit das Vergnügen haben konnte, ihr auf ihrer Reise nach L——————— zu Stone entgegen zu kommen.

Und nun, deucht mir, habe ich Ihrem Begehren entsprochen, wo nicht noch mehr, als Sie verlangten, gethan. Seit dem Oktober 1755 leben wir hier sehr vergnügt und glücklich, und alle meine äußere Umstände sind eben so auszeichnend angenehm und gleichförmig gewesen, als sie in vorigen Jahren abwechselnd waren. Die Prüfungen, die ich erfahren

ren habe, sind nur wenige und leicht gewesen — wohl aber erfahre ich es doch alle Tage wie nöthig mir ein Leben des Glaubens ist. Meine vornehmste Prüfung ist — der Leib der Sünde und des Todes, der mich oft nöthiget mit einem Apostel zu klagen und zu seufzen: O ich elender Mensch! Aber ich kann doch auch mit ihm sagen: Ich danke Gott durch Jesum Christum meinen Herrn! Ich lebe in einem unfruchtbaren Lande wo die Erkenntniß und die Kraft des Evangelii sehr gering geachtet wird; jedoch geben es hier einige Wenige von dem Volke des Herrn; und diese Wüste ist eine sehr nützliche Schule für mich gewesen, wo ich mit desto mehr Muße und reiflicher die Wahrheiten, die ich mir in London gesammlet hatte, studiret habe. Ich brachte einen guten Vorrath von buchstäblicher Erkenntniß mit mir dahin, aber ich habe seit der Zeit gefunden, daß kein wirksamer Lehrer ist als Gott; daß wir nichts weiter empfangen können, als es ihm gefällt uns mitzutheilen; und daß keine Erkenntniß mir wahren Nutzen bringen kann, als die ich durch meine eigene Erfahrung erlange. Viele Dinge, von denen ich in der Meinung war, daß ich sie gut gelernet hätte, wollten in der Stunde der Versuchung nicht Stich halten, bis ich sie auf diese Weise noch einmal besser gelernt hatte. Seit dem Jahre 1757 habe ich immer mehr Bekanntschaft in dem westlichen Distrikte von Yorkshire erlangt, wo das Evangelium recht in Flor ist. Dieses ist eine gute Schule für mich gewesen; ich habe überhaupt mit allen Partheyen Umgang gehabt, ohne mich an irgend eine anzuschließen. Bey meinen Bemühungen

gen immer die goldene Mittelstraße zu gehen, bin ich zwar bisweilen nur zu nahe zu den entgegengesetzten verschiedenen Abwegen hingezogen worden, allein der Herr machte mich doch geschickt aus meinen Vergehungen Nutzen zu ziehen. Mit einem Worte, ich bin noch immer ein Lehrling und der Herr läßt sich noch immer herab mich zu unterweisen. Ich fange jetzt an immer mehr einzusehen, daß ich nur sehr wenig gewonnen habe; aber ich habe das Vertrauen zu ihm, daß er sein eigenes einmal angefangenes Werk in meiner Seele fortsetzen werde und daß alle Führungen seiner Gnade und Vorsehung etwas beytragen werden, um meine Erkenntniß von ihm und mir selbst zu vermehren.

Als ich einmal in einem Hause eingerichtet war, und fand daß meine Berufsgeschäfte mir viele übrige Zeit lassen würden, so überlegte ich, auf welche Weise ich sie mir wohl zu Nutze machen wollte, und da ich nunmehr Ursache hatte der Entschließung des Apostels beyzustimmen: Nichts als nur Jesum Christum und zwar ihn als den Gekreutzigten zu wissen, so widmete ich mein Leben der Erwerbung geistlicher Erkenntniß und nahm mir vor, mich auf nichts anderes zu legen, als was zu meinem Hauptzwecke dienen könnte. Diese Entschließung machte, daß (wie ich schon eben angemerkt habe) ich die klaßische Schriftsteller und mathematische Studien daran gab. Meine erste Bemühung gieng dahin, so viel Griechisch zu erlernen als ich nöthig haben würde um das Neue Testament und die Septuaginta zu verstehen; und da ich einige Fortschritte hierin gethan

Man hatte, so ließ ich mich das folgende Jahr auf das Hebräische ein; und zwey Jahre darauf, da ich mir einbildete einige Vortheile von der syrischen Uebersetzung zu erlangen, fieng ich auch mit dieser Sprache an. Sie müßen nicht denken, als wenn ich eine kritische Fertigkeit in irgend einer von diesen Sprachen erlangt oder daß ich jemals darnach getrachtet hätte. Ich gab mich nicht weiter mit denenselben ab, als nur in so fern sie eine Beziehung auf etwas anders haben konnten. Ich habe niemals nur einen einzigen klaßischen Schriftsteller im Griechischen gelesen; ich hielt dafür, daß ich zu weit in die Jahre gekommen wäre, um mich so weitläufig in diese Sprache einzulaßen, wie ich es in dem Lateinischen gethan hatte. Ich verlangte nichts mehr, als nur die Bedeutung der Worte und Redensarten der heiligen Schrift zu verstehen, und was dieses angehet, glaubte ich, daß ich mich mit Scapula, der Synopsis und andern, die die schwere Sklavenarbeit vor mir überstanden hätten, würde helfen können. In dem Hebräischen kann ich mit ziemlicher Leichtigkeit die historische Bücher und die Psalmen lesen; aber bey den prophetischen und andern schweren Theilen der Bibel bin ich oft genöthiget zu Lexikons u. dgl. meine Zuflucht zu nehmen. Inzwischen weiß ich doch so viel, daß ich im Stande bin, wenn ich dergleichen Hülfsmittel bey der Hand habe, von dem Sinn irgend einer Schriftstelle zu urtheilen, die ich Gelegenheit habe zu Rathe zu ziehen. Weiter habe ich nicht im Sinn zu gehen, so lange ich mich auf eine beßere Art zu beschäftigen weiß; denn ich wünsche mehr auf eine oder die andere Weise anderen nützlich zu seyn, als in dem Ruf eines grossen Sprachkenners zu sterben.

Nebst diesen Studien habe ich auch immer das lesen der besten Schriftsteller der Gottesgelehrsamkeit, die mir nur zu Handen gekommen sind, in der lateinischen und englischen Sprache, wie auch einige in der französischen (denn zur Zeit, da ich noch ein Seefahrer war, hatte ich auch diese Sprache mit aufgefangen) beybehalten. Allein zwey oder drey Jahre her habe ich mich besonders an das Schreiben gewöhnt und habe nicht die Zeit gefunden, viele Bücher ausser der heiligen Schrift zu lesen.

Ich bin um so viel mehr ausführlich bey dieser Nachricht, da der Fall bey mir etwas sonderbar gewesen ist; denn bey allen meinen wissenschaftlichen Bemühungen, bin ich genöthiget gewesen, mir selbst den Gang in denselbigen vorzuzeichnen, durch das Licht, das ich aus Büchern erlangen konnte, da ich seit dem zehnten Jahre meines Alters keinen Lehrer oder sonst einen, der mir Anweisung gegeben hätte, gehabt habe.

Ein Wort mehr in Ansehung meiner Aussichten zu dem Predigtamte will ich noch hinzufügen und denn habe ich gethan. Ich habe Ihnen schon gemeldet, daß es der Wunsch meiner lieben Mutter war, daß ich mich diesem Amte widmen möchte; allein ihr frühes Absterben und die Auftritte des Lebens, in die ich mich hernach eingelaßen hatte, ließen gar keine Wahrscheinlichkeit übrig, daß es jemals dazu

dazu mit mir kommen würde. Die erste Wünsche von dieser Art in meinem eigenen Gemüthe, wurden vor vielen Jahren durch eine Betrachtung, die ich über die Worte des Apostels Pauli anstellte, in mir erzeuget. Galat. 1, 23. 24. Sie hatten aber gehöret, daß der uns weyland verfolgete, der jetzt den Glauben predige, welchen er weyland verstörete, und preiseten Gott über mir. Ich konnte nicht umhin es zu wünschen, daß ich eine solche öffentliche Gelegenheit haben möchte, ein Zeugniß von dem Reichthum der göttlichen Gnade abzulegen. Mir deuchte, daß wohl fast keiner auf Erden seyn könnte, der eine schicklichere Person wäre wie ich, jenen Glaubensvollen Ausspruch zu verkündigen: Daß Jesus Christus in die Welt kam den Vornehmsten unter den Sündern selig zu machen. Und da ich so sehr viele merkwürdige Schicksale in meinem Leben erfahren hatte, und dazu auserlesen zu seyn schien, zu zeigen, was der Herr auszurichten vermöge, so hatte ich einige Hoffnung, daß er vielleicht, früher oder später, mich zu diesem Dienste berufen mögte.

Ich glaube, daß es eine entfernte Hoffnung hiezu war, die mich dazu stimmte, daß ich die Grundsprachen studirte; allein die Sache blieb doch immer in meinem eigenen Herzen ein unvollkommner Wunsch, bis sie mir von einigen guten christlichen Freunden empfohlen wurde. Ich stutzte bey dem Gedanke, da er mir zuerst in allem Ernste vorgeschlagen wurde; aber hernach setzte ich einige Wochen dazu aus, um die Sache reiflich zu überlegen.

L 5   meine

meine Freunde mit in Rath darüber zu nehmen und
den Herrn um seine Leitung bey der Sache anzurufen. — Das Gutachten meiner Freunde und viele
Dinge kamen zusammen, die meinen Sinn dahin
lenkten, daß ich mich weiter darin einließ. Mein
erster Gedanke war, daß ich mich an die Dissenters
anschließen wollte und zwar deswegen, weil ich in
der Meinung stund, daß ich nicht mit gutem Gewissen
die Glaubensformeln der englischen Kirche unter-
schreiben könnte; aber Herr L——— mit dem ich mich
über diesen Punkt besprach, benahm mir ziemlich
meine Bedenklichkeiten; und da ich in mancher andern Rücksicht lieber zu der englischen Kirche gehören
wollte, so erhielt ich von ihm einige Monate nachher eine Anwartschaft auf eine Amtsbeförderung und
hielt bey dem letztverstorbenen Erzbischoff von York
um die Ordination an. Ich habe nicht nöthig es
Ihnen erst zu melden, daß sie mir von ihm abge-
schlagen wurde, und welche Maasregeln ich darnach
nahm um anderswo zu meinem Zwecke zu gelangen.
Für jetzt enthalte ich mich aller Anmerkungen hierüber. Mein Verlangen dem Herrn zu dienen ist
nicht geschwächt, allein ich bin nicht mehr so voreilig mich aufzudringen, wie ich vormals war. Es
genüget mir zu wissen, daß er wohl am besten weiß
wozu er mich gebrauchen kann, und daß er, was
zum Besten dienet, thun kann und thun will. Ihm
befehle ich mich ganz; ich habe das Vertrauen, daß
sein Wille und mein wahres Wohl unzertrennlich
miteinander verbunden sind. Sein Name sey ewig
gepriesen! Und so beschließe ich denn meine Geschichte
und bin der Meinung, daß Sie es mir zugestehen

wer-

werden, umständlich und ausführlich genug gewesen zu seyn. Ich habe für nichts mehr Raum übrig, als nur noch es zu wiederholen, daß ich mit aller Hochachtung bin

Hochzuverehrender Herr
Ihr

Februar, 2.   ganz ergebenster
1763.

Die merkwürdige
Bekehrungs-Geschichte
das

gottselige Leben und das selige

Ende des berühmten englischen

Obersten Gardiners

als

ein Exempel von der Wahrheit des Ausspruches

Röm. 5. v. 20.

Wo die Sünde mächtig worden ist, da ist doch die Gnade viel mächtiger worden.

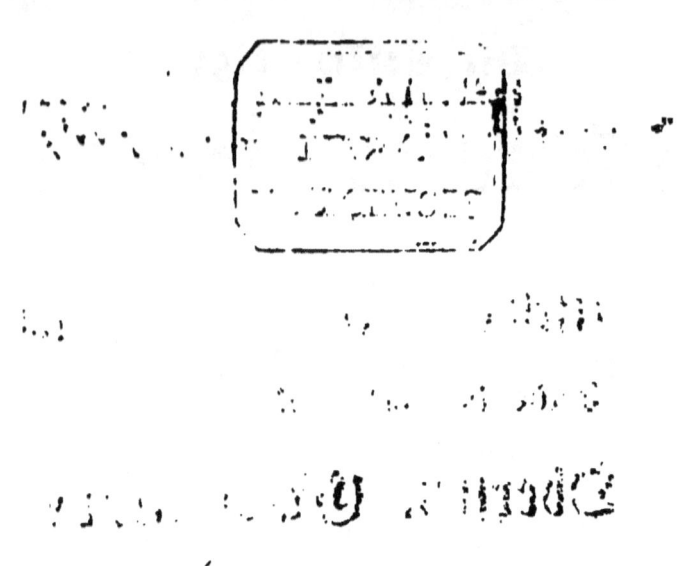

Wer liest wohl nicht mit Vergnügen bisweilen eine Geschichte in der erzählet wird, wie dieser und jener Mensch durch mancherley wunderbare Wege der göttlichen Regierung von tiefer Niedrigkeit zu hohen Ehren, oder von Armuth und Mangel zum Reichthum und Ueberfluß, oder auch sonst aus einem sehr großen Elende zu einem vorzüglichen Glücke gelanget sey? Ein wahrer Menschenfreund nimmt an solchen Begebenheiten herzlichen Antheil, sie sind ihm immer eine Veranlaßung zur Freude, und er wird auch nicht weniger durch sie im Vertrauen auf die göttliche Vorsehung gestärkt. Aber wenn es gewiß ist, was uns das heilige Wort Gottes und zum Theil auch die Erfahrung lehret, daß nehmlich das Elend der Sünde alles andere Elend weit übersteigt, und daß eben so auch das Glück von der Finsterniß zum Lichte und von der Herrschaft der Sünde und des Unglaubens zu Gott bekehret, und also ein wahres Kind Gottes geworden zu seyn, das Größeste ist das sich nur denken läßt, ja ein weit größeres Glück ist als die höchste Stufe irdischer Ehre, einen ganz unübersehbaren Reichthum an

welt-

weltlichen Schätzen und den blühendsten zeitlichen Wohlstand erlangt zu haben. Wenn dieses wahr ist, wie? sollten wir denn wohl nicht billig noch weit mehr mit dem allergrößesten Vergnügen die Nachrichten lesen, wie dieser oder jener unser Mitmenschen auf diese Weise von dem grösten Unglück befreyet und höchst glücklich geworden sey? O! ein wahrer Christ dem die Sache Gottes und Jesu Christi wahrhaftig am Herzen liegt, und der eine uneigennützige ächte Menschenliebe besitzt, wird sich inniglich freuen so oft er hört oder liest, daß sich ein Sünder von ganzem Herzen zu Gott bekehret habe. Deswegen nun einestheils und denn auch anderntheils zur Ermunterung für bußfertige Sünder, damit sie getroste Zuversicht zu Gott in Christo faßen, liefern wir Ihnen eine lesenswerthe Geschichte des Obersten Gardiners, als einen augenscheinlichen Beweis von der Macht und dem Reichthume der Gnade Gottes in Jesu Christo.

Er wurde in England zu Carriden in der Grafschaft Linlithgow den 10ten Januar, 1687 gebohren. Sein Vater war der Hauptmann Patrick Gardiner, der aber sehr frühzeitig starb und zwar weil er im Kriege unter der Regierung des Königes Wilhelm und der Königin Maria in Deutschland vieles ausgestanden hatte. Seine Mutter war eine sehr fürtrefliche fromme Dame, die sich recht angelegen seyn ließ, diesen ihren Sohn fromm und christlich zu erziehen. Mit recht mütterlicher Sorgfalt, Zärtlichkeit und Liebe gab sie ihm selbst den ersten Unterricht im Christenthume, und bemühete sich

durch

durch die Lehren der Religion nicht nur seinen Verstand aufzuhellen, sondern auch sein Herz zu bilden und zu veredeln. Ihre Bemühungen schienen auch anfänglich nicht ganz fruchtlos zu seyn, denn er begrif ihre Unterweisungen gut, faßte dieselbige in sein Gedächtniß und sein kindliches Herz wurde oft durch die Kraft der göttlichen Wahrheit erweichet, so daß manche Spuren von Frömmigkeit in seiner Kindheit an ihm zu sehen waren. Aber ach! diese schöne viel versprechende Früchte fielen von dieser jungen Pflanze wieder ab, da sie sich kaum gezeiget hatten. Durch Verführung und böser Beyspiele, wurde er mit dem Wachsthum der Jahre, statt im Guten zuzunehmen, immer leichtsinniger, gegen die Religion, und gleichgültiger gegen Gott und sein Gewissen. Er entfernte sich immer weiter von dem Wege der Wahrheit und Gottseligkeit, so daß nach und nach alles Gute wieder bey ihm verschwand. Jedoch erwachte nach vielen Jahren wieder bey ihm das Andenken an die fürtrefliche Belehrungen und liebreiche Ermahnungen die ihm seine fromme Mutter gegeben hatte, und dieselbige trugen sehr vieles durch Gottes Gnade mit dazu bey, daß er, nachdem er viele Jahre in dem Dienste der Sünde zugebracht hatte, sich doch noch endlich aufrichtig zu Gott bekehrte. Diese Anmerkung machen wir im Vorbeigehen Eltern zur Ermunterung, daß sie doch keinen Fleiß sparen ihre Kinder in der Zucht und Vermahnung zum Herrn zu erziehen. Es dünket euch freylich o Eltern! oft, als wenn alle eure Mühe, alle eure Belehrungen, Ermahnungen, Warnungen und Bitten an euren Kindern umsonst wären; Ihr bearbeitet euren Weinberg und wartet daß er Trauben bringe, aber siehe er bringt euch Heerlinge! Das ist freylich für christlich gutgesinnte Eltern eine sehr große Betrübniß. Aber seyd deswegen doch nicht nachläßig in der Erfüllung eurer elterlichen Pflichten. Denn eure Arbeit wird nicht ganz vergebens seyn. Der Saame der Weisheit und Frömmigkeit den ihr in den Herzen eurer Kinder ausstreuet, wird wenn er auch lange bey ihnen ganz erstorben zu seyn scheint doch endlich einmal durch den Einfluß des Geistes Gottes noch aufkeimen, blühen und Früchte tragen. Ja! wenn ihr alle Hofnung schon aufgegeben hattet, werdet ihr vielleicht reiche und herrliche Früchte zu sehen bekommen, die euch eine gesegnete Erndte in der Ewigkeit versprechen.

Der junge Gardiner wurde auch in der Schule zu Lialithgaw in den schönen Wissenschaften und in Sprachen unterrichtet. Da er gute Fähigkeiten besaß, so nahm er in allem sehr gut zu, und er würde wohl wahrscheinlich in manchem andern Fache ein sehr brauchbarer Mann geworden seyn, wenn ihn die göttliche Vorsehung dazu bestimmt hätte. Allein er bezeigte von Kindheit an immer Lust das zu werden was sein Vater war. Seine Mutter suchte zwar durch alle mögliche Vorstellungen diese seine Neigung zum Soldatenstande bey ihm zu ersticken, und sie hatte auch vorzügliche Ursachen dazu, da sie es mehrmalen erfahren hatte, daß derselbige die größeste Ungemächlichkeiten und Gefahr mit sich führe. Aber Gardiner war nicht davon abzubringen, besonders auch weil einer seiner Freunden sich alle Mühe gab,

ihn

ihn zu diesem Stande zu ermuntern, und so wurde er denn da er noch ganz jung und klein war Cadet. Im vierzehnten Jahre seines Alters bekam er eine Stelle als Fähnrich bey einem schottischen Regiment das in holländischen Diensten stand, wo er bis zum Jahre 1702 blieb. Hernach aber wurde er von der Königin Anna bey einem andern Regimente angesetzt, und mußte als er neunzehn Jahr alt war der Schlacht bey Ramellies in Frankreich beywohnen. Hier nun ereignete sich ein überaus merkwürdiger und zum Theil wunderbarer Vorfall. Gardiner hatte mehrere Eigenschaften die einem Offizier eine Zierde und eine Ehre sind. Er besaß schon als Jüngling eine rechte männliche Herzhaftigkeit und großen Heldenmuth. Er scheuete nicht leicht Gefahr. Er brannte vor Begierde sich hervor zu thun, und sehnte sich nach einer Gelegenheit dazu, um auch dadurch zugleich sein Glück zu machen. So war er auch schon in mehrern Scharmützeln und Unternehmungen wider den Feind nicht ganz ungeübet. Jetzt wurde ihm das zu Theil was er sich gewünscht hatte. Er bekam wirklich Gelegenheit seine Tapferkeit recht an den Tag zu legen, indem er zu einer wichtigen aber sehr gefährlichen Unternehmung in dem Treffen beordert wurde. Wider alle Erwartung gut gelang ihm auch diese Unternehmung. Aber da er auf einer Anhöhe stund, und seinen Soldaten, nach der Gewohnheit vieler die ihre Ehre in der Schande suchen, unter entsetzlichen Flüchen und Verwünschungen zurief, so bekam er in seinen offenen Mund plötzlich einen Schuß. Wer sollte nicht denken, daß er nun todt zur Erde hingefallen wäre, oder

oder doch wenigstens gänzlich und auf immer der Sprache würde beraubt geworden seyn? Aber nein! so gnädiglich bewahrete ihn Gott, daß keines von beyden geschah. Seine Zunge ja auch seine Zähne wurden nicht im geringsten verletzet. Ohne irgend eine Beschädigung im Munde zu verursachen, gieng ihm die Kugel durch seinen Nacken und kam ungefähr anderthalb Zoll zur linken Seite wieder heraus. Anfänglich verspürte er gar nicht einmal Schmerzen davon, glaubte daher nicht daß ihm die Kugel durchgegangen wäre, sondern war in der Meinung daß er sie hinunter geschluckt hätte; und sogar da er anfieng stark zu bluten, konnte er doch nicht gleich ausfinden wo eigentlich die Wunde war. Es geschah dieses den 23 May 1706 und zwar um fünf oder sechs Uhr des Abends. Die Armee verfolgte indessen den Feind, es wurde gar nicht auf die Verwundete geachtet und so mußte also auch Gardiner der durch das viele Bluten sich sehr entkräftet fühlte die ganze Nacht auf dem Felde in der Kälte ohne Hülfe und ohne Erquickung liegen. Man kann sich leicht vorstellen wie ihm müße dabey zu Muthe gewesen seyn? Er meinte nunmehr die Kugel wäre ihm durch den Kopf gegangen, er betrachtete es daher als ein Wunder der Allmacht Gottes daß er nicht auf der Stelle todt geblieben sey, und tröstete sich auch damit, indem er daraus bey sich den Schluß machte, es müße also nicht der Wille Gottes seyn, daß er sterben solle, sondern er würde, so bedenklich auch immer seine Umstände seyn mögten, doch noch diesmal mit dem Leben davon kommen. So weit dachte er nach, aber ach leider nicht weiter! Er blieb vielmehr, obgleich
jetzt

jetzt die züchtigende Hand Gottes schwer auf ihm lag, ohne Nachdenken über sich selbst, über den Zustand und die Gefahr seiner Seele, ohne Erkenntniß seiner vielen Sünden, ohne Bereuung seiner lasterhaften Ausschweifungen, ohne Demüthigung vor Gott, ohne Bekümmerniß um seine Gnade und ohne Entschließung zur Besserung. Seine einzige Bekümmerniß war, wie er das Geld das er bey sich hatte, verwahren möchte, wenn er allenfalls geplündert werden sollte. Inzwischen nahm Schmerz und Schwachheit bey ihm zu und ach! es war wie schon gesagt, niemand der seine Wunde verbunden oder ihm sonst eine Erleichterung verschaft hätte. Endlich aber brach der von ihm so lange und sehnlich gewünschte Morgen an. Die Armee zu der er gehörte, hatte zwar gesieget, aber es waren doch die Franzosen Meister von dem Platz geblieben wo er lag; sie kamen nun um die Todte und Verwundete zu plündern und als sie sich ihm näherten, ihn so ohnmächtig da liegen sahen und glaubten daß er im Begriff sey seinen Geist aufzugeben, so wollte einer mit dem Schwerdt seinen Leiden und seinem Leben auf einmal ein Ende machen. Es wäre dieses auch wirklich geschehen, wenn nicht ein Franziscaner Mönch, der mit dabey war und ihn für einen Franzosen hielt, noch für sein Leben gebeten hätte. Gardiner hörte alles was gesprochen wurde, war aber so schwach, daß er nicht einmal ein Wort vorbringen konnte. Endlich gelang es ihm, da er alle seine übrige Kräfte dazu aufbot, denen Umstehenden durch ein Zeichen zu verstehen zu geben, daß sie ihm doch etwas zu trinken verschaffen möchten. Sie erbarmten sich sei-

ner und da sie gerade etwas Brandtewein bey sich
hatten, so reichten sie ihm ein wenig davon dar.
O! dies war ein Labsal für ihn! die größeste Erquis
ckung die, wie er nachher oft gesagt hat, er in sei:
nem ganzen Leben genoßen hatte. Dieses stärkte
ihn auch so, daß er bald darauf, wiewohl nur mit
leiser und bebender Stimme, dem Mönchen eine
Erdichtung, auf die er sich indessen zu seinem Vor:
theile besonnen hatte, ins Ohr sagen konnte. Er
sagte ihm nehmlich, er wäre ein sehr naher Anver:
wandter von dem Statthalter zu Huy, einer nicht
weit entlegenen neutralen Stadt und versicherte ihm
dabey, daß wenn er ihn nur dahin schafte, er gewiß
auf eine ansehnliche Weise dafür belohnet werden
würde. Der Mönch, der keinen Zweifel in diese
seine Aussage setzte, traf gleich Anstalten um seinem
Begehren ein Genüge zu thun. Einige Soldaten
sollten ihn dahin tragen. Aber diese verfehlten zum
Unglück den rechten Weg, geriethen des Abends in
einen Wald, und da sie theils sehr müde waren,
theils auch gar nicht wegen der einfallenden Finster:
niß der Nacht wußten und sehen konnten, wohin sie
sich nur wenden sollten, so fanden sie sich genöthiget
mit ihm hier zu bleiben. Eine zwote Nacht mußte
also Gardiner, noch ehe seine Wunde ordentlich
verbunden wurde, unter dem freien Himmel zubrin:
gen. Aber nun nahm auch deswegen sein Schmerz
und seine Furcht vor noch größeren Martern, die er
an seiner Wunde theils durch das weitere Herum:
tragen theils unter den Händen des Wundarztes
auszustehen bekommen mögte, so zu, daß er seine
Gefährten bat: Sie möchten ihm doch lieber das

leben

Leben nehmen. In der That war es auch überdem eine wunderbare Erhaltung Gottes, daß er sich nicht zu Tode blutete. Das hätte fast nothwendig geschehen müßen, wenn es nicht Gott so gefüget hätte, daß gerade diese beyde Nächte ziemlich kalt gewesen wären. Seine Träger fanden beym Anbruch des folgenden Tages, daß sie noch sehr weit von der Stadt Huy entfernt wären, und endlich wurden sie es daher mit ihm eins, ihn statt dahin, in ein nahe gelegenes Frauenzimmer-Kloster zu bringen. Sie kamen mit ihm an diesem Kloster an da es noch früh Morgens war und man nahm ihn hier recht freundlich auf, behandelte ihn ungemein gut, und sorgte auf alle Weise für seine Wiedergenesung. Der Wundarzt der gebraucht wurde war zwar gar nicht geschickt in seiner Kunst, und gieng oft sehr rauh mit ihm um, aber Gott gab zu der Heilung seinen Segen, und so ward es in wenigen Monaten Zeit wieder besser mit ihm. Die Aebtissin in diesem Kloster bezeigte sich besonders während seines Aufenthaltes in demselben sehr gütig gegen ihn, sie nannte ihn ihren Sohn und war auch in der That wie eine zärtliche Mutter gegen ihn. Sie, ja auch die übrige Kloster-Jungfrauen unterließen nicht ihm besonders manche Ermahnungen zum Guten zu ertheilen, die aber wegen seines herrschenden Leichtsinnes leider vergebens bey ihm waren. — Als er wieder gesund worden war, das Kloster verlaßen und durch Auswechslung der Gefangenen seine Freyheit wieder erlangt hatte, fieng er es in seinem unordentlichen sündlichen Leben da wieder an, wo er es vorhin gelaßen hatte. Es würde dem guttgesinnten Leser gar nicht angenehm seyn können, wenn wir hier eine ausführliche Schilderung seines ungöttlichen Lebens einschalten wollten. Genug sey es daher, daß wir sagen: Er war ein rechter verlohrner Sohn! Er lebte ganz ohne Gott, ohne Jesum, ohne Religion gedankenlos und zügellos dahin, er war besonders denen abscheulichsten der Sünden, denen Lüsten des Fleisches, denen Sünden der Unkeuschheit ergeben; (wofür wir so gerne alle junge Leute warnen mögten, da sie eine schröckliche Pest für Leib und Seele sind) die Wollust und die Befriedigung seiner thierischen Triebe betrachtete er als sein höchstes Gut, und so machte er sich auch des allerschnödesten Undanks gegen Gott schuldig, indem weder die eben angeführte wunderbare Errettung seines Lebens und Wiederherstellung seiner Gesundheit, und so manche andere merkwürdige Erhaltungen seiner in den hitzigsten Schlachten bey denen er hernach zugegen war, und in denen eine Menge zu seiner Rechten und zu seiner Linken hinfielen, noch auch der ganze Reichthum der Güte, Gedult und Langmuth Gottes ihn noch nicht zur Buße leitete, sondern er immer fortfuhr Gott aus den Augen zu setzen und seine Gebote muthwillig zu übertreten. Als Soldat beobachtete er im übrigen seine Schuldigkeit so gut, daß er nach einigen Jahren als Hauptmann bey dem Dragoner-Regimente des Obristen Ker angestellt wurde. Bald darauf wurde er bey dem Grafen von Stair Adjutant, und als dieser Herr von dem Könige in der Eigenschaft eines Gesandten an den französischen Hof geschickt wurde, so reiste er mit ihm. Gardiner wurde nun zu Paris von dem Gra-

Grafen zu verschiedenen sehr wichtigen Verrichtungen gebraucht und er erwarb sich dadurch viele Achtung und vielen Ruhm. Aber auf der andern Seite wurde er jetzt an dem französischen Hofe noch ausschweifender als er gewesen war, und er trieb es so weit, daß manche englische Edelleute, die sonst selbst leichtsinnig waren und sich nicht viel aus der Religion machten, doch sich in der That seiner schämten und seine Gesellschaft vermieden. Doch so sehr er auch ein Sklave der Eitelkeit, der Wollust und anderer Laster war, so hatte er doch noch einiges Gute an sich, und es ist billig daß wir dieses nicht verschweigen: Er war gar nicht der Trunkenheit ergeben, er bewies sich ferner sehr gefällig und dienstfertig gegen seine Freunde, war leutselig, und wenn er auch gleich sich bisweilen manchen unanständigen Scherz über die Bibel erlaubte, so war er doch in so fern kein Freigeist, daß er die Göttlichkeit der heiligen Schrift und alle natürliche und geoffenbarte Religion geradezu geläugnet hätte. Sein Gewissen sprach auch oft laut zu ihm, und er war sehr oft mit sich selbst so unzufrieden, daß er, obgleich seine äußerliche Umstände die Glücklichste waren und er mitten im Genuß aller sinnlichen Freuden lebte, sich doch höchst unglücklich fühlte. Von Vorwürfen des Gewissens gequält versuchte er einmal wirklich einige Morgen nacheinander durch Gebet und durch Hersagen einiger Psalmen und anderer Schriftstellen, die er noch in seinem Gedächtniß behalten hatte, sich Erleichterung zu verschaffen. Aber ach! sein Herz verdammte ihn hieben so, daß er keine Freudigkeit zu Gott haben konnte, und daher gab er es bald wieder

wieder auf. Weil er so wiederholte Rührungen und Ueberzeugungen seines Gewissens unterdrückte, so wurde sein Herz natürlicher Weise immer verhärteter, daß selbst die augenscheinlichste Proben einer über ihn waltenden gütigen Vorsehung Gottes nicht vermögend waren, ihn auf seinem Lasterwege zum Stillstand oder zur Umkehr zu bringen. Ich will nur ein paar Exempel anführen: Als er auf der Straße nach Calais einen Hügel herunter reiten wollte, stürzte er mit dem Pferde so, daß das Pferd todt blieb. Er war während dem Sturze über den Kopf des Pferdes hinausgefallen, und stund wieder auf ohne den geringsten Schaden genommen zu haben. Aber es machte keinen Eindruck auf ihn! Da er bald darauf aus dem englischen Hafen Harwich nach Calais mit dem Paquet-Boot zurückschiffete, erhub sich ein entsetzlicher Sturm auf dem Meere, der das Schiff erst nach Harwich zurück und dann an eine Küste von Holland hintrieb. Es war in der finsteren Nacht und die Gefahr so groß, daß der Schiffs-Captain schon alle Hoffnung aufgab. Er vermahnte den Gardiner zu beten und sagte ihm, daß sie in wenigen Minuten Zeit wohl gewiß von den Wellen verschlungen und in dem Abgrund des Meeres begraben seyn würden. Gardiner fürchtete doch jetzt, so beherzt er sonst war, den nahen Tod, die Angst trieb ihn wirklich zum Gebete an, und was nun sehr merkwürdig war, ist: daß sich der Sturm während seinem Gebete anfieng zu legen, ja! es dauerte darauf nicht lange, daß sie glücklich in Calais ankamen. O sollte diese glückliche Errettung nicht billig sein Herz mit Dank gegen Gott erfüllet

füllet haben? und sollte sie nicht billig eine kräftige Erweckung zur Buße und Bekehrung für ihn gewesen seyn? Aber nein! so wenig wurde sein Herz hiedurch gerühret oder gewonnen, daß er vielmehr als ihn hernach einmal seine lustige Gesellschafter über dieses sein Beten aufzogen, selbst darüber scherzte und spottete. Jedoch ich will den Leser nicht länger bey diesem traurigen Gemälde von dem unbekehrten Zustande dieses Offiziers aufhalten, sondern ich gehe jetzt zur Geschichte seiner Sinnesänderung und Besserung über, und will ihn auch von der angenehmen und erfreulichen Seite vorstellen.

Gardiner war indessen zum Range eines Majors gestiegen. Es war in der Mitte des Monates Julii 1719, so viel bekannt ist, an einem Sonntage als sich etwas ganz ausserordentliches mit ihm zutrug, das einen tiefen unauslöschlichen Eindruck auf ihn machte und seine Bekehrung beförderte. Er hatte den Abend dieses Tages in einer lustigen Gesellschaft auf eine gar nicht gute Art zugebracht, und eine Verabredung getroffen um zwölf Uhr zu Hause eine gewisse recht schändliche Sünde zu begehen die keine andere Zeugen als nur die Finsterniß der Nacht vertragen konnte. Um eilf Uhr verließ er in dieser Absicht die Gesellschaft und ging nach Hause. Er war jetzt allein und hatte noch eine Stunde für sich. Aus Langeweile ergriff er ein Buch das er besaß, ohne eigentlich recht zu wißen wie er dazu gekommen wäre. Es war betitelt: Der christliche Soldat oder der durch Sturm eingenommene Himmel von Thomas Watson. Er gab zwar wenig darauf
Acht

Acht was er las, bekam aber doch auf einmal einen besondern Eindruck in seinem Gemüthe. Er hat oft versichert was er gesehen hätte wäre nicht blos ein Traum oder ein Gemälde der Phantasie gewesen. Es wäre aber doch sonst möglich, daß er über dem lesen eingeschlafen und daß ihm das nur im Traum vorgekommen wäre, was er wirklich gesehen zu haben glaubte. Wenn wir auch dieses unentschieden laßen, so war es doch in jedem Falle eine sehr merkwürdige Erscheinung. Es kam ihm nemlich vor, als sähe er einen ungewöhnlichen Lichtstrahl auf das Buch das er vor sich liegen hatte fallen. Anfänglich meynte er, es rühre wirklich durch irgend einen besonderen Zufall von dem Licht das auf dem Tische brannte her. Aber da er seine Augen in die Höhe richtete, sahe er zum seiner größesten Verwunderung die Gestalt Jesu Christi am Kreuz über ihm schweben, die auf allen Seiten mit großer Herrlichkeit umgeben war. Zugleich war es ihm als hätte er eine Stimme und die Worte gehöret: O! Sünder dies habe ich für dich gelitten, soll dies nun der Dank dafür seyn? — Ohnmächtig sank er vor Schrecken nieder, und blieb so eine ziemliche Zeit. Als er wieder zu sich selbst kam sahe er nichts mehr. Man kann sich aber leicht vorstellen, daß er nun keine Gedanken mehr an die Sünde hatte die er zu begehen willens gewesen war. Hingegen war sein Gemüth nun in der allergrößten Unruhe. Er gieng darauf in seiner Kammer auf und ab, und dachte jetzt ernstlich über sich selbst, über sein leben und Wandel nach. O wie abscheulich kam er sich selbst jetzt vor! Er betrachtete sich als einen solchen der

Jesum

Jesum Christum zu wiederhohltenmalen aufs neue gekreutziget und sich an seinem Leibe und Blute schuldig gemacht hätte, er war sich in seinen eigenen Augen ein rechter verdammungswürdiger Sünder, er erstaunte über den Reichthum der Gedult und Langmuth Gottes, daß er ihn Undankbaren nicht schon längst in seinen Sünden weggeraft und zur Hölle verstoßen hätte, und gerieth in die größte Bekümmerniß über seinen Seelenzustand. Er hatte darauf einige Tage und Nächte gar keine Ruhe, er konnte es lange nicht wagen Gott um die Vergebung seiner Sünden zu bitten, denn er hielt sich aller Gnade und Vergebung ganz unwerth, glaubte zu ruchlos und undankbar gewesen zu seyn als daß ihm könne vergeben werden, und so dauerte es bis zu Ende des Octobers d. i. über drey Monate lang. Indessen hatte er es doch endlich gewagt sich mehrmalen vor Gott mit Schaam und Reue zu demüthigen, hatte es im Gebeth versucht, ob es nicht möglich sey, daß ihm die Sünden noch könnten vergeben werden, und er fand Erhörung, in Jesu, und bekam jetzt auch Ruhe und Trost in seinem Herzen. Er wurde gerechtfertiget und erlangte Frieden mit Gott durch unsern Herrn Jesum Christum. Es zeigten sich an ihm von dieser Zeit an rechtschaffene Früchte der Buße und des Glaubens. Die sündliche Ergötzlichkeiten die er sonst für seinen Himmel gehalten hätte verabscheuete er nunmehr und haßete dieselben von gänzem Herzen, und bekam dagegen immer mehr Geschmack und Vergnügen an der Religion an den Uebungen der Andacht und des Gebeths. Böse Gewohnheiten die ihm zur andern

Natur

Natur geworden zu seyn schienen und Laster deren
er sich zu enthalten für unmöglich gehalten hatte,
legte er alle gänzlich ab, so daß ein jeder der es hörte
und sahe, sich darüber verwundern mußte. Er verläugnete die Lüste dieser Welt, und lebte züchtig,
gerecht und gottselig in der Welt. Kurz er war in
der That und Wahrheit ein neuer Mensch durch
die Gnade geworden, und übte sich täglich in der
Gottseligkeit. Dabey hütete er sich auf das sorg-
fältigste vor allem dem das ihm ein heuchlerisches
Ansehen hätte geben, oder andere in dem Irthum
bestärken können, als sey die Frömmigkeit eine traurige, unangenehme und beschwerliche Sache. Er
nahm deswegen kein widriges und mürrisches Wesen
an sich, sondern bemühete sich im Umgang mit andern sich so liebreich, freundlich, gefällig und dienstfertig zu bezeigen, als nur immer mit gutem Gewissen geschehen konnte. Er machte aber auch auf
der andern Seite kein Geheimniß daraus, daß mit
ihm eine Veränderung vorgegangen sey, und war
gegen die Sitten, Urtheile und Grundsätze der
Welt nie allzu willfährig, er bewieß sich vielmehr
bey jeder Gelegenheit in Worten und Werken als
ein wahrer Liebhaber und eifriger Vertheidiger der
Religion. — So forderte zum Beyspiel eine Dame,
welche behauptete: man brauche um seelig zu werden kein geoffenbartes Wort Gottes, ihn einmal
auf, an einem bestimmten Tage da er bey ihr zu
Mittage speisen sollte, ihre Meinung zu widerlegen
wenn er könne, und er that es, nachdem er oft vorher Gott um Weisheit und Gnade dazu angerufen
hatte, auf eine solche überzeugende Weise, daß sich

diese

diese Dame gewonnen geben mußte und hernach wenigstens sich schämte zum Nachtheil der Religion etwas zu reden. Eben so machte er es auch bey einer andern Gelegenheit in einer großen Gesellschaft auf einem Landguthe in Frankreich. (denn er vermied nie freundschaftlichen Umgang, sondern setzte einige Stunden des Tages dazu aus, um nicht zu dem Verdacht Anlaß zu geben, als hätte ihn die Frömmigkeit verdrießlich und Menschenscheu gemacht) In dieser Gesellschaft war es recht darauf angelegt durch seinen Witz seiner und der Veränderung die mit ihm vorgegangen war zu spotten. Aber durch vernünftige gute Gespräche die er führte, durch manche kraftvolle Gründe und Vorstellungen die er ihnen mit der größten Wohlanständigkeit und Freundlichkeit vorhielt, brachte er es dahin, daß doch wenigstens der Herr vom Hause, ein Mann von einem sehr freyen und aufrichtigen Wesen sagte: Wir wollen lieber unser Gespräch auf was anders richten; wir dachten dieser Mann wäre närrisch, aber er hat in der That bewiesen daß wir es sind. Ich kann nicht unterlaßen noch einiges von seiner Lebensordnung und seinen Gesinnungen anzuführen. Er stund immer des Morgens um vier Uhr auf und brachte seine Zeit in der Stille mit Gebeth, mit Lesen und Betrachten der h. Schrift und anderer Erbauungsbücher bis sechs Uhr zu. Wenn er zu verreisen hatte oder andere Geschäfte ihn nöthigten vor sechs Uhr auszugehen, so stund er zu jenem Endzweck noch früher auf. Sobald er eine Haushaltung bekommen hatte, führte er einen häußlichen gemeinschaftlichen Gottesdienst ein, und wich von

seiner

seiner Regel nie ab, auch selbst denn nicht wenn er Gäste in seinem Hause hatte. Gegen seine Gemahlinn bewieß er sich jederzeit als ein treuer und christlicher Gatte und machte es sich zur Pflicht oft durch religiöse und fromme Gespräche sie und sich selbst immer mehr zum Guten zu ermuntern und darin zu stärken. Gegen seine Kinder war er nicht nur ein zärtlicher sondern auch ein weiser Vater und so wie er selbst mit seiner Gemahlinn den öffentlichen Gottesdienst fleißig abwartete, und sich des Abendmahls Jesu mit der größten Andacht bediente, so hielt er auch seine Kinder und übrige Hausgenoßen so dazu an, daß sie ohne sehr wichtige Ursachen keine öffentliche Gelegenheit zur Erbauung und die Gnadenmittel nicht vernachläßigen durften. Aber auch sein übriges Verhalten gegen seine Kinder und Hausgenoßen stimmte mit diesem seinem Eifer für den äußeren Gottesdienst völlig überein, war exemplarisch und ganz den Vorschriften des evangelischen Christenthums gemäß. Wie er sich gegen seine Hausgenoßen betrug, so betrug er sich auch gegen seine sonstige Untergebene, besonders seine Soldaten. Er bewieß sich als ein wahrer Menschenfreund gegen sie, der nach seinen besten Kräften für ihr leibliches und geistliches Wohl sorgte. Im Wohlthun fand er eine wahre Seeligkeit, er war daher auch besonders gegen Arme und Nothleidende sehr gutthätig und hülfreich. Er that hierin ausserordentlich viel, so daß jeder der seine Umstände kannte sich darüber verwundern mußte, wie er soviel thun konnte. Aber er lebte eben in der Absicht sparsam und vermied allen überflüßigen und übertriebenen Aufwand und Pracht

in

in seinem Hause und ausser seinem Hause, damit er im Stande seyn mögte desto mehr an Elende und Armen zu verwenden. Es war ihm nicht darum zu thun sich eitele und vergängliche Schätze zu sammlen hier auf Erden, sondern es war ihm darum zu thun sich solche Schätze zu sammlen die er hoffen konnte einmal mit sich aus dieser Welt zu nehmen, hier reichlich Gutes zu säen, damit er einst in der Ewigkeit eine rechte reiche und gesegnete Erndte haben mögte. In Absicht auf seine Lehrmeinungen kann ich nicht umhin anzumerken, daß er besonders viel auf die Lehren hielt von der Gottheit Jesu Christi und des heiligen Geistes, von der stellvertretenden Genugthuung und Versöhnung Jesu Christi, von der freyen Gnade Gottes in Christo, und von der Nothwendigkeit des Beystandes der Kraft und Mitwirkung des heiligen Geistes zur Erleuchtung, Bekehrung, Wiedergeburt und Heiligung. Er war allen entgegengesetzten Meinungen und allen Verdrehungen dieser Lehren von Herzen gram. Doch verachtete er keinen Menschen seines Glaubens wegen, vielmehr schätzte und liebte er einen jeden, er mochte einer Meinung oder einem Bekenntniße zugethan seyn welchem er wollte, wenn er nur ein gutes Herz an ihm fand und er rechtschaffen in seinem Wandel war. Weit entfernt war er auch hierin von allem ungegründeten Argwohne, daß er vielmehr einen jeden so lange für gut hielt, bis er deutliche und untrügliche Beweise vom Gegentheil entdeckt hatte, und hitzige Streitigkeiten über Religionssachen waren ihm äußerst zuwider.

N Gardi-

Gardiner war wenige Jahre nach seiner Vermählung vom Major zum Rang eines Obristen gestiegen. Je höher der Posten nun war auf dem er stund, desto herrlicher und ausgebreiteter war der Einfluß den seine Bekehrung und Frömmigkeit auf andere hatte, und es verdient gewiß besonders bemerkt zu werden, daß wo das Regiment bey welchem er war, hinkam, es einen ausnehmenden Ruhm zurückließ, nicht nur wegen seiner Geschicklichkeit in den Kriegsübungen, sondern auch wegen seiner Mäsigkeit und Ordnung. Viele Offizier richteten sich nach dem fürtreflich schönen Muster das sie täglich vor Augen hatten, und selbst viele von den gemeinen Leuten führten nicht nur einen ordentlichen Lebenswandel, sondern besaßen auch wahre Gottesfurcht. Gegen das Ende des Jahres 1742 gieng er von England zu Schiffe nach Flandern, wohin das Regiment, zu welchem er gehörte, abgegangen war, und hielt sich eine ziemliche Zeit bey demselben in Gent auf. Vor seiner Abreise hatte er das Versprechen bekommen, daß er bald ein eigenes Regiment erhalten sollte. Inzwischen mußte er doch etwas lange darauf warten und das verdroß manche seiner Freunde. Aber Gardiner war dabey ganz zufrieden, ruhig und gelaßen. Der Ausgang krönte dafür auch endlich seine Gedult. Er erwartete nur ein Infanterie-Regiment zu bekommen und der König begnadigte ihn mit einem Dragoner-Regimente, das gerade zu der Zeit in der Gegend im Quartier lag, wo er mit seiner Familie zu wohnen pflegte. Indessen suchte ihn Gott zu eben dieser Zeit mit einem sehr heftigen Fieber heim, welches

ihn

ihn überfiel eben da er seine Reise nach England angetreten hatte. Es war dieses die erste schwere Krankheit die er in seinem Leben gehabt hatte, und er betrachtete sie daher als eine Aufforderung zur Ewigkeit. Allein deswegen war er doch im Geringsten nicht verzagt, sondern äußerte eine rechte ruhige Ergebung in den Willen Gottes und eine wahre Heiterkeit. In ein paar Wochen Zeit besserte sich die Krankheit wieder, und ob er wohl noch sehr schwach war, so ließ er sich doch nicht dadurch abhalten, seine Reise fortzusetzen. Denn überhaupt war es ihm nicht gut möglich, weil er sich einmal so sehr gewöhnt hatte immer thätig und geschäftig zu seyn; lange unthätig zu bleiben, und zudem hatte er ein sehr großes Verlangen theils seine Freunde zu sehen, theils auch zu seinem Regimente zu kommen, um doch ja nichts in seinem Berufe zu verabsäumen. Für seine Gesundheit möchte es sonst wohl vielleicht besser gewesen seyn, wenn er noch ein wenig länger die Ruhe genoßen hätte, denn er blieb von dieser Zeit an immer etwas schwächlich und kränklich. Bey seiner Durchreise durch London in der Mitte des Monats Junii 1743 hatte er die Ehre Ihro königl. Hoheiten dem Prinzen von Wallis und der Prinzeßin aufzuwarten und von beyden die ausgezeichnetste Merkmale der Gnade und Hochachtung zu bekommen. Er kam hierauf bey seinem Regimente an, und lebte einige Zeit in dem Schooße seiner Familie und Freunde recht glücklich, nur daß ihm seine Gesundheitsumstände noch immer etwas zu schaffen machten, und es schien fast als wenn sich sein Leben bald zu Ende neigen würde, indem die

Mittel

Mittel deren sich die Aerzte bedienten, und der Gebrauch der mineralischen Wasser zu Starborough, wohin er auf ihr Anrathen reiste, wenig Wirkung zu seiner Wiedergenesung thaten. Indessen war er darüber gar nicht betroffen, daß er vielmehr oft mit Freuden vom Tode und der Ewigkeit sprach. So sagte er einmal: Ich mag sterben, wenn und wo es Gott gefällt, so weiß ich gewiß, daß ich in die Wohnungen der ewigen Herrlichkeit eingehen und mich meines Gottes und Erlösers im Himmel ewig freuen werde. Doch hatte es Gott nach seinem unerforschlichen Rathe beschloßen, daß er nicht durch diese Krankheit, sondern auf eine andere Art sterben sollte. Bald nachdem er von Starborough zurück gekommen war, brach der traurige Krieg wegen des Prätendenten in England aus, und sein Regiment wurde beordert nach Stirling aufzubrechen, wohin ihm auch seine Gemahlin und älteste Tochter folgte. Als er wieder von hier abmarschieren mußte und von seiner Gemahlin Abschied nahm, da war es als wenn ihm und ihr sein naher Tod geahndet hätte. Sie war bey seiner Abreise ganz außerordentlich gerühret und sagte, daß sie sehr befürchte ihn ihren unschätzbarsten Freund auf Erden zu verlieren, worauf er nur erwiederte: Wir haben eine Ewigkeit miteinander zuzubringen. Diese ihre Ahndung traf auch nur zu bald ein. Die Vorsehung, deren Absichten oft viel zu verborgen sind, als daß wir sie allemal ergründen könnten, hatte es beschloßen, daß er in der bald darauf erfolgten unglücklichen Schlacht zu Presto-Pans sein irdisches Leben beschließen sollte. Ich eile jetzt um noch das

wahre

wahre von seinen Todesumständen, so wie man sie aus sicheren Nachrichten weiß, zu melden: Am Tage vor der Schlacht Freytags den 20 September 1745 da die ganze Armee in Schlachtordnung gestellet war, ritte um Mittag der Oberste Gardiner durch alle Glieder seines Regimentes und ermahnte sie sich in dem Dienste für ihr Vaterland als Soldaten und Christen tapfer zu beweisen. Diese Anrede machte einen ungemein starken Eindruck auf sie, so daß sie alle Lust bezeugten den Feind sogleich auf der Stelle anzugreifen. Gardiner und noch ein anderer vornehmer Offizier glaubten auch aus verschiedenen sehr wichtigen Gründen, daß es besser seyn würde, wenn man den Feind gleich angriffe, als wenn man erst den andern Tag sich in den Streit einlaße, nachdem die Soldaten die ganze Nacht in den Waffen gestanden hätten, und sie von den Rebellen zuerst angegriffen worden wären. Sie stellten die Sache dem kommandirenden General wirklich vor, allein er war nicht dazu zu bewegen. Eben so verwarf er auch einen andern Rath den ihm der Oberste gab, daß nehmlich, da die Armee klein sey, und die Pferde noch nie in einer Bataille gewesen wären, folglich durch das Kanoniren leicht unter der Reuterey Unordnung und Verwirrung entstehen könnte, es besser seyn würde, wenn die Kanonen in dem Mittelpunkt der Armeen als bey seinem Regimente, das auf dem rechten Flügel stund, gestellt würden. Allem Vermuthen nach würde die Schlacht nicht so unglücklich für die Engländer ausgefallen seyn, wenn sein Rath wäre angenommen und befolgt worden. Inzwischen nahm sich der Oberste Gardiner

vor,

vor, die Sache mögte ablaufen wie sie wolle, doch in jedem Fall seine Schuldigkeit zu thun. Er wickelte sich gegen Abend in seinen Mantel, legte sich hinter einen Haufen Gersten, der damals im Felde lag und blieb so die ganze Nacht in den Waffen. Morgens um drey Uhr schickte er drey von seinen Hausbedienten weg, und gab ihnen sehr rührende Ermahnungen doch für das Heyl ihrer Seelen ernstlich zu sorgen. Einen Bedienten behielt er bey sich. Eine Stunde lang brachte er hierauf in der Stille, wohl gewiß mit Gebet und Andacht zu, und so bald der Tag anbrach, erscholl durch die ganze Armee das Gerücht von der Ankunft der Rebellen. Der Angriff nahm wirklich schon vor Sonnen Aufgang seinen Anfang. Die Feinde machten so bald sie bis zu einem Kanonenschuß herangerückt waren ein erschröckliches Feuer, so daß die Dragoner an dem linken Flügel der königl. Armee bald in Unordnung geriethen und die Flucht ergriffen. Das Dragonerregiment des Obersten auf dem rechten Flügel hielt das Feuer etwas besser aus, aber ach! es währte nicht lange, bis der Oberste selbst durch eine Kugel eine Wunde in der linken Seite bekam, die ihn nöthigte vom Pferde abzusteigen. Sein Bedienter, der das Handpferd hatte, überredete ihn, daß er doch auf seine Rettung bedacht seyn möchte. Allein er erklärte, die Wunde habe so viel nicht zu bedeuten und fuhr fort zu fechten. Gleich darauf bekam er einen Schuß in den rechten Schenkel, aber auch durch diesen ließ er sich im Streite nicht hindern, und man sahe wirklich durch seine Hand mehrere Feinde, unter andern auch einen der vor wenigen Tagen in der Eigenschaft
eines

eines Spions zu ihm gekommen und ein rechter heimtückischer Heuchler war, fallen. Indessen war diese Anstrengung aller seiner Kräfte doch in der Hauptsache umsonst. Nach einem kurzen Widerstande gerieth das ganze Regiment in Unordnung und ergrif die Flucht. Gardiner, der noch ein wenig verweilte und sich besann, was er wohl bey bewandten Umständen zu thun hätte, bekam in dem Augenblick Befehl einer Parthey Infanterie die nahe bey ihm mit Löwenmuth fochte zu helfen, weil sie keinen Officier mehr zum Anführer hatte. Es ist wahr, erwiederte er: Diese brave Leute werden alle zusammengehauen wenn sie keinen Anführer bekommen, zugleich ritte er zu ihnen hin und rief laut: Gebt Feuer meine Pursche und fürchtet euch vor nichts! Aber kaum hatte er diese Worte ausgesprochen, so kam ein Bergschotte auf ihn zu, und gab ihm mit einem an einer langen Stange befestigten Messer eine solche Wunde in seinen rechten Arm, daß ihm sein Degen aus der Hand fiel. Gleich darauf kamen noch andere und rißen ihn vom Pferde. Indem er fiel, gab ihm endlich einer und wie zwar versichert worden ist, ein gewisser Bergschotte mit Namen Macnught, der ein halb Jahr darauf hingerichtet wurde, hinten am Kopf einen tödtlichen Hieb. Nun gab er seinem Bedienten ein Zeichen, daß er sich retiriren mögte und sagte: Sorget für euch selbst! und zu einem der Anführer der feindlichen Armee soll er bald darauf nach der Versicherung glaubwürdiger Leute wie dieser auf den Platz kam wo er lag, die Worte gesprochen haben: Ihr streitet um eine irrdische Krone, ich aber gehe hin eine himmlische zu empfangen!

Die=

Dieses waren auch wohl wahrschein
te, und obgleich es nur wenige sind
deutlich von seiner Glaubensfreudig
Welt verließ. Sein Bedienter flüc
eine Mühle, die ungefähr zwey en
entfernt war. Hier verkleidete er s
knecht und kehrte als ein solcher
wie die Bataille ein paar Stunden
dem Wahlplatz zurück. Er fand daß
was er bey sich hatte, auch sogar se
Stiefeln geraubt worden waren, do
wundern noch nicht ganz todt, und
Augen aufschlug, sobald sich ihm d
ließ vermuthen, daß er auch noch nic
verloren hatte. Der Bediente brac
dem Kirchspiel Tranent in des Pr
man ihn gleich ins Bette legte. Er
und seufzete. Seine Schmerzen
Aber um eilf Uhr des Vormittags e
von seinen Leiden und half ihm au
himmlischen Reiche. — In seinem Hau
auf von den Rebellen alles was nur
war geplündert, und das Haus selbs
für die Verwundete gemacht. —
Donnerstag den 24 Sept. wurde se
Kirche zu Tranent wo er oft in sein
lichen Gottesdienst abgewartet hatte,
So starb dieser beliebter, frommer
denken ist in England noch immer be
in großem Segen. O mögten sich do
des und Berufs sie seyn mögen durc
muntern lassen, in dem Dienste Gotte
landes Jesu Christi des Herrn aller
aller Könige getreu zu seyn bis in t
auch die Krone des ewigen Lebens er

www.ingramcontent.com/pod-product-compliance
Lightning Source LLC
Chambersburg PA
CBHW020912230426
43666CB00008B/1421